DR. OETKER

LEICHTE MODE TORTEN

FLIEGENPILZTORTE, FRUCHTBOMBE,
JOGHURTRINGE, SONNENSCHEINTORTE...

DR. OETKER

LEICHTE MODE TORTEN

FLIEGENPILZTORTE, FRUCHTBOMBE,
JOGHURTRINGE, SONNENSCHEINTORTE...

Dr. Oetker Verlag

Vorwort

Und wieder ein neues Buch aus der Mode-Specials-Reihe.
Hier erwarten Sie viele neue Torten und Kuchen mit luftig-lecker-leichten Füllungen aus Buttermilch, Joghurt, Dickmilch und Co., verbunden mit köstlichen Früchten. Probieren Sie fruchtig-frische Ideen wie die Fanta-Stachelbeer-Torte, die Kirsch-Limetten-Rolle oder die Aprikosenwellen. Oder begeistern Sie Ihre Kinder mit der Schneewittchen-Torte und der Fliegenpilztorte. Nicht nur witzige Tortenideen, sondern auch Blechkuchenkreationen und Törtchenrezepte wurden wie gewohnt ausführlich und leicht nachvollziehbar beschrieben und von Dr. Oetker getestet. Diese Rezepte lassen Familie und Gästen schon beim Anblick das Wasser im Munde zusammenlaufen.

Abkürzungen

EL	= Esslöffel
TL	= Teelöffel
Msp.	= Messerspitze
Pck.	= Packung/Päckchen
g	= Gramm
kg	= Kilogramm
ml	= Milliliter
l	= Liter
evtl.	= eventuell
geh.	= gehäuft
gestr.	= gestrichen
TK	= Tiefkühlprodukt
°C	= Grad Celsius
Ø	= Durchmesser
E	= Eiweiß
F	= Fett
Kh	= Kohlenhydrate
kcal	= Kilokalorien
kJ	= Kilojoule

Hinweise zu den Rezepten

Lesen Sie bitte vor der Zubereitung – besser noch vor dem Einkaufen – das Rezept einmal vollständig durch. Oft werden Arbeitsabläufe oder -zusammenhänge dann klarer.
Die in den Rezepten angegebenen Backtemperaturen und -zeiten sind Richtwerte, die je nach individueller Hitzeleistung des Backofens über- oder unterschritten werden können. Bitte beachten Sie deshalb bei der Einstellung des Backofens die Gebrauchsanweisung des Herstellers und machen Sie nach Beendigung der Backzeit eine Garprobe.

Zubereitungszeiten

Die Zubereitungszeit beinhaltet nur die Zeit für die eigentliche Zubereitung, die Backzeiten sind gesondert ausgewiesen. Längere Wartezeiten, z. B. Kühlzeiten, sind ebenfalls nicht mit einbezogen.

Schneewittchen-Torte

Zubereitungszeit: 80 Min., ohne Kühlzeit
Backzeit: etwa 20 Min.

Insgesamt:
E: 98 g, F: 275 g, Kh: 553 g, kJ: 21940, kcal: 5245

Für den Biskuitteig:
- **3 Eier (Größe M)**
- **1 Eigelb (Größe M)**
- **3 EL Orangensaft**
- **125 g Zucker**
- **60 g Weizenmehl**
- **20 g Speisestärke**
- **1 gestr. TL Backpulver**

- **20 g Kakaopulver**

Für den Knetteig:
- **150 g Weizenmehl**
- **50 g Zucker, 100 g Butter**

Für die Füllung:
- **6 Blatt rote Gelatine**
- **500 g Erdbeerjoghurt**
- **50 g Zucker**
- **200 ml Schlagsahne**
- **200 g Erdbeeren**

Zum Bestreichen, Verzieren und Garnieren:
- **200 ml Schlagsahne**
- **1 Pck. Vanillin-Zucker**
- **50 g Halbbitter-Kuvertüre**
- **200 g Erdbeeren**

1 Für den Biskuitteig Eier, Eigelb und Saft mit Handrührgerät mit Rührbesen auf höchster Stufe in 1 Minute schaumig schlagen. Zucker in 1 Minute einstreuen und noch 2 Minuten weiterschlagen. Mehl mit Speisestärke und Backpulver mischen, auf die Eiercreme sieben und auf mittlerer Stufe kurz unterrühren.

2 Die Hälfte des Teiges auf eine Backblechhälfte (30 x 40 cm, gefettet mit Backpapier belegt) streichen, so dass ein Rechteck (20 x 30 cm) entsteht. Unter den restlichen Teig kurz das Kakaopulver rühren und auf die andere Backblechhälfte streichen. Das Backblech in den Backofen schieben.

Ober-/Unterhitze:
etwa 200 °C (vorgeheizt)
Heißluft: etwa 180 °C (vorgeheizt)
Gas: Stufe 3–4 (vorgeheizt)
Backzeit: etwa 10 Min.

3 Die Biskuitplatte auf die Arbeitsfläche stürzen und erkalten lassen. Anschließend das Backpapier abziehen.

4 Für den Knetteig Mehl in eine Rührschüssel sieben, restliche Zutaten hinzufügen und alles mit Handrührgerät mit Knethaken zu einem glatten Teig verarbeiten. Teig auf dem Boden einer Springform (Ø 26 cm, gefettet) ausrollen und mehrmals mit einer Gabel einstechen. Den Springformrand darumstellen, die Form auf dem Rost in den Backofen stellen und **bei gleicher Backofeneinstellung etwa 10 Minuten** backen.

5 Den Knetteigboden vom Springformboden lösen, aber darauf erkalten lassen.

6 Für die Füllung Gelatine nach Packungsanleitung einweichen. Joghurt mit Zucker verrühren. Gelatine ausdrücken, auflösen, zunächst mit etwas von der Joghurtmasse verrühren, dann unter die restliche Joghurtmasse rühren. Sobald die Masse beginnt dicklich zu werden, Sahne steif schlagen und unterheben. Erdbeeren waschen, putzen, in feine Würfel schneiden und ebenfalls unterheben.

7 Knetteigboden auf eine Tortenplatte legen und mit 2 Esslöffeln der Erdbeercreme bestreichen. Restliche Creme gleichmäßig auf die Biskuitplatte streichen. Platte von der kurzen Seite in 5 cm breite und 30 cm lange Streifen schneiden. Ersten Streifen zur Schnecke aufrollen und in die Mitte des Knetteig-

(Fortsetzung Seite 8)

bodens stellen. Mit der anderen Farbe beginnend den nächsten Streifen darumlegen. Alle Streifen darumlegen, leicht andrücken und die Torte 1–2 Stunden kalt stellen.

8 Zum Bestreichen Sahne mit Vanillin-Zucker steif schlagen und die Torte rundherum damit bestreichen. Zum Verzieren Kuvertüre klein hacken, in einem Topf im Wasserbad geschmeidig rühren und die Torte damit besprenkeln. Zum Garnieren Erdbeeren waschen, putzen, halbieren und auf die Torte setzen.

Tamarillo-Joghurt-Torte

Zubereitungszeit: 50 Min., ohne Kühlzeit
Backzeit: etwa 20 Min.

Insgesamt:
E: 78 g, F: 286 g, Kh: 439 g, kJ: 20068, kcal: 4798

Für den Knetteig:

- **250 g Weizenmehl**
- **70 g gesiebter Puderzucker**
- **½ Pck. Finesse Geriebene Zitronenschale**
- **1 Eigelb (Größe M)**
- **150 g weiche Butter**

Für die Tamarillocreme:

- **8 Blatt weiße Gelatine**
- **300 g Tamarillos**
- **3 Eigelb (Größe M)**
- **140 g Zucker**
- **½ Pck. Finesse Geriebene Zitronenschale**
- **Saft von ½ Zitrone**
- **250 g Naturjoghurt**
- **300 ml Schlagsahne**

Zum Verzieren:

- **100 ml Schlagsahne**
- **1 Pck. Vanillin-Zucker**

1 Für den Teig Mehl in eine Rührschüssel sieben. Puderzucker, Zitronenschale, Eigelb und Butter hinzufügen. Die Zutaten mit Handrührgerät mit Knethaken zunächst kurz auf niedrigster, dann auf höchster Stufe gut durcharbeiten.

2 Anschließend auf einer bemehlten Arbeitsfläche zu einem glatten Teig verkneten. Sollte er kleben, ihn in Folie gewickelt eine Zeit lang kalt stellen.

3 Zwei Drittel des Teiges auf dem Boden einer Springform (Ø 24–26 cm, gefettet, mit Backpapier belegt) ausrollen. Restlichen Teig zu einer Rolle formen und so an die Form drücken, dass ein 4–5 cm hoher Rand entsteht. Boden mehrfach mit einer Gabel einstechen und die Form auf dem Rost in den Backofen schieben.

Ober-/Unterhitze:
etwa 200 °C (vorgeheizt)
Heißluft: etwa 180 °C (vorgeheizt)
Gas: Stufe 3–4 (vorgeheizt)
Backzeit: etwa 20 Min.

4 Nach dem Backen Springformrand entfernen, das Gebäck vom Boden lösen, aber darauf erkalten lassen.

5 Für die Creme Gelatine nach Packungsanleitung einweichen. Tamarillos dünn schälen, pürieren und durch ein Sieb streichen. Fruchtmus mit Eigelb, Zucker, Zitronenschale und -saft im Kochtopf unter Rühren erhitzen (nicht kochen!), bis die Masse dicklich wird. Gelatine ausdrücken und unterrühren, bis sie gelöst ist. Dann den Joghurt unterrühren und kalt stellen.

6 Wenn die Fruchtmasse beginnt dicklich zu werden, Sahne steif schlagen und unterheben. Creme auf den Tortenboden geben, glatt streichen und die Torte mindestens 2 Stunden kalt stellen.

7 Zum Verzieren Sahne mit Vanillin-Zucker steif schlagen, in einen Spritzbeutel mit Lochtülle füllen und die Torte damit verzieren.

Erdbeer-Vanille-Torte

Zubereitungszeit: 35 Min.
Backzeit: etwa 25 Min.

Insgesamt:
E: 54 g, F: 196 g, Kh: 310 g,
kJ: 13958, kcal: 3337

Für den All-in-Teig:

- **125 g Weizenmehl**
- **2 gestr. TL Backpulver**
- **125 g Zucker**
- **1 Pck. Vanillin-Zucker**
- **3 Eier (Größe M)**
- **125 g Butter oder Margarine**

Für die Füllung:

- **1 Pck. Saucenpulver Vanille-Geschmack, ohne Kochen**
- **125 ml (1/8 l) Milch**
- **500 g Erdbeeren**

Für den Belag:

- **200 ml Schlagsahne**
- **2 EL Milchgetränkepulver Erdbeer-Geschmack (z. B. Kaba)**

Zum Garnieren:

- **einige Erdbeeren mit Grün**

1 Für den Teig Mehl und Backpulver mischen und in eine Rührschüssel sieben. Restliche Zutaten hinzufügen und alles mit Handrührgerät mit Rührbesen auf höchster Stufe in etwa 2 Minuten zu einem Teig verarbeiten.

2 Teig in eine Obstbodenform (Ø 26 cm, gefettet, gemehlt) füllen und glatt streichen. Die Form auf dem Rost in den Backofen schieben.

Ober-/Unterhitze:
etwa 180 °C (vorgeheizt)
Heißluft: etwa 160 °C (vorgeheizt)
Gas: Stufe 2–3 (vorgeheizt)
Backzeit: etwa 25 Min.

3 Boden aus der Form lösen, auf einen mit Backpapier belegten Kuchenrost stürzen und erkalten lassen. Anschließend den Boden auf eine Tortenplatte legen.

4 Für die Füllung Saucenpulver nach Packungsanleitung, aber nur mit 125 ml (1/8 l) Milch zubereiten und die Creme auf den Boden streichen. Erdbeeren waschen, putzen, in kleine Stücke schneiden und auf der Vanillecreme verteilen.

5 Für den Belag Sahne steif schlagen, Milchgetränkepulver unterrühren und die Sahnemasse auf die Erdbeeren streichen. Nach Belieben mit einem Tortengarnierkamm ein Muster in die Sahne ziehen und die Torte anschließend kalt stellen.

6 Zum Garnieren die Erdbeeren waschen, abtupfen und die Torte mit ganzen oder halbierten Erdbeeren garnieren.

Tipp:
Der Boden kann auch in einer Springform (Ø 26 cm) gebacken werden. Die Torte kann am Vortag zubereitet werden.
Anstelle der Vanillecreme schmeckt auch mit 2 Blatt Gelatine angedickter Erdbeerjoghurt oder Vanillejoghurt (150 g).

Cinderella-Torte

Zubereitungszeit: 75 Min., ohne Kühlzeit
Backzeit: etwa 15 Min., je Backblech

Insgesamt:
E: 88 g, F: 344 g, Kh: 461 g, kJ: 22696, kcal: 5424

Für den Rührteig:

- **175 g Butter oder Margarine**
- **150 g Zucker**
- **1 Pck. Vanillin-Zucker**
- **3 Eier (Größe M)**
- **2 EL Orangensaft oder Cointreau (Orangenlikör)**
- **175 g Weizenmehl**
- **½ gestr. TL Backpulver**

Zum Bestreuen:

- **60 g Kokosraspel**

Für die Füllung:

- **8 Blatt weiße Gelatine**
- **500 ml (½ l) Himbeermilch (z. B. Müllermilch Himbeer)**
- **25 g Zucker**
- **200 ml Schlagsahne**

Zum Verzieren und Garnieren:

- **200 ml Schlagsahne**
- **1 Pck. Vanillin-Zucker**
- **150 g Himbeeren**
- **etwas Puderzucker**

1 Für den Teig Butter oder Margarine in einer Rührschüssel mit Handrührgerät mit Rührbesen auf höchster Stufe geschmeidig rühren. Zucker mit Vanillin-Zucker mischen und nach und nach unterrühren. So lange rühren, bis eine gebundene Masse entstanden ist.

2 Eier unterrühren (jedes Ei etwa ½ Minute). Saft oder Cointreau dazugeben und verrühren. Mehl mit Backpulver mischen, sieben und portionsweise unterrühren.

3 Auf 2 Backpapierbögen jeweils 2 Kreise (Ø 26 cm) zeichnen, auf jedem Kreis ein Viertel des Teiges verstreichen und mit den Kokosraspeln bestreuen. Die Backpapierbögen auf Backbleche ziehen und nacheinander (bei Heißluft zusammen) in den Backofen schieben.

Ober-/Unterhitze:
etwa 180 °C (vorgeheizt)
Heißluft: etwa 160 °C (vorgeheizt)
Gas: Stufe 2–3 (vorgeheizt)
Backzeit: etwa 15 Min. je Backblech

4 Einen Boden sofort nach dem Backen in 12 Tortenstücke schneiden, diese nochmals vorsichtig halbieren. Alle Böden mit dem Backpapier auf dem Backblech auf Kuchenrosten erkalten lassen.

5 Für die Füllung Gelatine nach Packungsanleitung einweichen. Himbeermilch mit Zucker verrühren. Gelatine ausdrücken, auflösen, mit etwas von der Himbeermilch verrühren, dann unter die restliche Milch rühren. Sobald die Masse beginnt dicklich zu werden, Sahne steif schlagen und unterheben.

6 Einen Boden auf eine Tortenplatte legen, die Hälfte der Himbeercreme darauf streichen und zweiten Boden auflegen, restliche Creme darauf streichen und den dritten Boden auflegen. Die Torte etwa 30 Minuten kalt stellen.

7 Zum Verzieren und Garnieren Sahne mit Vanillin-Zucker steif schlagen und in einen Spritzbeutel mit großer Stern- oder Lochtülle füllen. 12 längliche Tupfen an den Rand der Tortenoberfläche spritzen und je 2 vorgeschnittene Tortenstücke über einem Tupfen zusammensetzen. Die Torte bis zum Servieren kalt stellen.

8 Kurz vor dem Servieren die Torte mit verlesenen Himbeeren garnieren und mit Puderzucker bestäuben.

Tipp:
Die Torte kann auch mit anderen Fruchtmilchsorten zubereitet werden.

Sonnenscheintorte

Zubereitungszeit: 70 Min.
Backzeit: etwa 25 Min.

Insgesamt:
E: 66 g, F: 126 g, Kh: 646 g, kJ: 17243, kcal: 4113

Für den All-in-Teig:

- **125 g Weizenmehl**
- **3 gestr. TL Backpulver**
- **100 g Zucker**
- **1 Pck. Vanillin-Zucker**
- **2 Eier (Größe M)**
- **3 EL Speiseöl**

Für Fruchtfüllung und Verzierung:

- **600 g Mirabellen**
- **2 Pck. Fruttina Zitronen-Geschmack (Fruchtpudding zum Kochen)**
- **75 g Zucker**
- **400 ml Wasser**

Für den Belag:

- **6 Blatt weiße Gelatine**
- **500 g Dickmilch**
- **75 g Zucker**
- **1 Pck. Vanillin-Zucker**
- **200 ml Schlagsahne**

Zum Garnieren:

- **einige Mirabellen**

1 Für den Teig Mehl und Backpulver mischen und in eine Rührschüssel sieben. Restliche Zutaten hinzufügen und alles mit Handrührgerät mit Rührbesen auf höchster Stufe in etwa 2 Minuten zu einem Teig verarbeiten.

2 Den Teig in eine Springform (Ø 26 cm, Boden gefettet, mit Backpapier belegt) füllen und glatt streichen. Die Form auf dem Rost in den Backofen schieben.

Ober-/Unterhitze:
etwa 180 °C (vorgeheizt)
Heißluft: etwa 160 °C (vorgeheizt)
Gas: Stufe 2–3 (vorgeheizt)
Backzeit : etwa 25 Min.

3 Den Boden aus der Form lösen und auf einem mit Backpapier belegten Kuchenrost erkalten lassen. Anschließend mitgebackenes Backpapier abziehen.

4 Für Fruchtfüllung und Verzierung Mirabellen waschen und entsteinen. 100 g davon in sehr feine Stücke schneiden und beiseite stellen. Restliche Mirabellen halbieren. Beide Päckchen Fruttina zusammen nach Packungsanleitung, aber nur mit insgesamt 75 g Zucker und 400 ml Wasser zubereiten. Ein Viertel davon abnehmen und erkalten lassen. Unter den restlichen warmen Pudding halbierte Früchte heben. Boden auf eine Tortenplatte legen, einen Tortenring darumstellen, die Mirabellenmasse einfüllen, glatt streichen und erkalten lassen. Fein geschnittene Mirabellen mit der kleineren Fruttinamenge verrühren und zum Verzieren beiseite stellen.

5 Für den Belag Gelatine nach Packungsanleitung einweichen. Dickmilch mit Zucker und Vanillin-Zucker verrühren. Gelatine ausdrücken, auflösen und zunächst mit etwas von der Dickmilchmasse verrühren, dann unter die restliche Masse rühren.

6 Sobald die Dickmilchmasse beginnt dicklich zu werden, Sahne steif schlagen und unterheben. Dickmilchsahne auf die Mirabellen geben und glatt streichen.

7 Erkalteten restlichen Fruchtpudding gut durchrühren, in einen Spritzbeutel mit großer Lochtülle füllen und eine Sonne auf die Dickmilchmasse spritzen.Torte etwa 2 Stunden kalt stellen.

8 Zum Garnieren Tortenring entfernen und nach Belieben gewaschene Mirabellen in die Mitte der Sonne legen.

Fliegenpilz-Torte

Zubereitungzeit: 50 Min., ohne Kühlzeit
Backzeit: 25 Min.

Insgesamt:
E: 129 g, F: 231 g, Kh: 433 g, kJ: 18695, kcal: 4465

Für den All-in-Teig:

- **100 g Weizenmehl**
- **2 gestr. TL Backpulver**
- **100 g Zucker**
- **1 Pck. Vanillin-Zucker**
- **2 Eier (Größe M)**
- **100 g Butter oder Margarine**

Für die Beerencreme:

- **8 Blatt rote Gelatine**
- **250 g Himbeerjoghurt**
- **500 g Magerquark**
- **50 g Zucker**
- **1 Pck. Vanillin-Zucker**
- **300 ml Schlagsahne**
- **300 g vorbereitete Beerenfrüchte (Himbeeren, Brombeeren und Heidelbeeren)**

Für den Guss:

- **125 ml (1/8 l) dunkelroter Himbeersirup**
- **125 ml (1/8 l) Wasser**
- **1 Pck. Tortenguss, rot**

Zum Verzieren:

- **100 ml Schlagsahne**

1 Für den Teig Mehl und Backpulver mischen und in eine Rührschüssel sieben. Restliche Zutaten hinzufügen und alles mit Handrührgerät mit Rührbesen auf höchster Stufe in etwa 2 Minuten zu einem Teig verarbeiten.

2 Teig in eine Springform (Ø 26 cm, Boden gefettet, mit Backpapier belegt) füllen und glatt streichen. Die Form auf dem Rost in den Backofen schieben.

Ober-/Unterhitze:
etwa 180 °C (vorgeheizt)
Heißluft: etwa 160 °C (vorgeheizt)
Gas: Stufe 2–3 (vorgeheizt)
Backzeit: etwa 25 Min.

3 Boden aus der Form lösen, auf einen Kuchenrost legen und erkalten lassen.

4 Für die Beerencreme eine Schüssel (etwa 3 l, oberer Ø etwa 26 cm) mit Frischhaltefolie auslegen. Gelatine nach Packungsanleitung einweichen. Joghurt mit Quark, Zucker und Vanillin-Zucker in einer Rührschüssel verrühren. Gelatine ausdrücken, auflösen und zunächst mit etwas von der Joghurt-Quark-Masse verrühren, dann mit der restlichen Masse verrühren.

5 Sobald die Masse beginnt dicklich zu werden, Sahne steif schlagen und unterheben. Beerenfrüchte unterheben und die Masse in die vorbereitete Schüssel füllen. Masse mit dem Boden (evtl. etwas zurecht schneiden) belegen, Boden andrücken und die Schüssel 2–3 Stunden kalt stellen.

6 Torte aus der Schüssel lösen, auf eine Tortenplatte stürzen und die Frischhaltefolie entfernen.

7 Für den Guss aus Himbeersirup, Wasser und Tortengusspulver (aber ohne Zucker) nach Packungsanleitung einen Guss zubereiten, etwas abkühlen lassen und dann gleichmäßig über die Torte geben. Guss fest werden lassen.

8 Zum Verzieren Sahne steif schlagen, in einen Spritzbeutel mit großer Lochtülle füllen und flache Tupfen auf die Tortenoberfläche spritzen.

Tipp:
Sie können den Guss mit etwas Speisefarbe kräftiger rot färben.

Pflaumen-Knusper-Torte

Zubereitungszeit: 50 Min., ohne Kühlzeit

Insgesamt:
E: 65 g, F: 274 g, Kh: 242 g, kJ: 16219, kcal: 3877

Für den Boden:

- **70 g Butter**
- **125 g Zucker**
- **150 g abgezogene, gehobelte Mandeln**
- **Müsli aus 1 Pck. Knusperjoghurt (25 g, z. B. von Müller)**
- **100 ml Schlagsahne**

Für den Belag:

- **400 g reife Pflaumen**
- **6 Blatt weiße Gelatine**
- **Joghurt aus 2 Pck. Knusperjoghurt (je 150 g)**
- **25 g Zucker**
- **300 ml Schlagsahne**

Zum Garnieren:

- **einige Pflaumen**
- **Müsli aus 1 Pck. Knusperjoghurt (25 g)**

1 Für den Boden Butter in einem Topf zerlassen und den Zucker unter Rühren darin auflösen. Wenn die Masse zu bräunen beginnt, Mandeln und Müsli unterrühren. Nach und nach Sahne unter Rühren hinzufügen und die Masse weiterkochen lassen, bis sie leicht dicklich eingekocht, aber nicht braun ist.

2 Einen Springformboden (Ø 26 cm) mit geölter Alufolie belegen, Springformrand darumlegen, die Masse darin verteilen und mit Hilfe eines angefeuchteten Löffels zu einem Boden andrücken. Den Boden erkalten und fest werden lassen, evtl. kalt stellen.

3 Für den Belag Pflaumen waschen, abtrocknen, entsteinen und in kleine Würfel schneiden. Gelatine nach Packungsanleitung einweichen. Joghurt und Zucker in einer Schüssel verrühren, Gelatine ausdrücken, auflösen, mit etwas von dem Joghurt verrühren, dann unter den restlichen Joghurt rühren.

4 Sobald die Masse beginnt dicklich zu werden, Sahne steif schlagen und unterheben. Unter zwei Drittel der Joghurtcreme die Pflaumenwürfel heben.

5 Den Mandelboden von der Alufolie lösen, auf eine Tortenplatte legen und einen Tortenring darumstellen. Die Joghurt-Pflaumen-Creme auf den Boden geben und glatt streichen, die Joghurtcreme darauf streichen und mit einem Tortengarnierkamm ein Muster eindrücken. Die Torte 1–2 Stunden kalt stellen.

6 Zum Garnieren den Tortenring lösen. Pflaumen waschen, entsteinen, in Spalten schneiden und mit dem Müsli dekorativ auf der Tortenoberfläche verteilen.

Tipp:
Die Torte kann am Vortag zubereitet werden.
Sie schmeckt auch mit Heidelbeeren oder Brombeeren.
Anstelle des Mandelbodens kann auch ein Löffelbiskuitboden (siehe Seite 30) zubereitet werden.

Johannisbeer-Cassis-Torte

Zubereitungszeit: 70 Min., ohne Kühlzeit
Backzeit : etwa 20 Min.

Insgesamt:
E: 106 g, F: 306 g, Kh: 555 g, kJ: 24531, kcal: 5860

Für den Knetteig:
- **200 g Weizenmehl**
- **1 Msp. Backpulver**
- **75 g abgezogene, gehobelte Mandeln**
- **75 g Zucker**
- **150 g Butter oder Margarine**

Für die Cassiscreme:
- **8 Blatt weiße Gelatine**
- **500 g Kefir**
- **75 ml Cassis-Likör**
- **75 g Zucker**
- **1 Pck. Vanillin-Zucker**
- **200 ml Schlagsahne**
- **300 g vorbereitete Johannisbeeren (rot und/oder schwarz)**

Für den Guss:
- **200 ml Johannisbeersaft**
- **75 ml Cassis-Likör**
- **1 Beutel aus 1 Pck. Götterspeise Himbeer-Geschmack**
- **50 g Zucker**

Für den Schokorand:
- **150 g weiße Kuvertüre**

1 Für den Teig Mehl mit Backpulver mischen und in eine Rührschüssel sieben, restliche Zutaten hinzufügen und alles mit Handrührgerät mit Knethaken zunächst auf niedrigster, dann auf höchster Stufe durcharbeiten, anschließend auf der Arbeitsfläche zu einem glatten Teig verkneten.

2 Teig auf dem gefetteten Boden einer Springform (Ø 26 cm) ausrollen, mehrmals mit einer Gabel einstechen, Springformrand darumstellen und die Form auf dem Rost in den Backofen schieben.

Ober-/Unterhitze:
etwa 200 °C (vorgeheizt)
Heißluft: etwa 180 °C (vorgeheizt)
Gas: Stufe 3–4 (vorgeheizt)
Backzeit: etwa 20 Min.

3 Den Boden vom Springformboden lösen, aber darauf erkalten lassen. Anschließend Springformrand wieder darumlegen.

4 Für die Cassiscreme Gelatine nach Packungsanleitung einweichen. Kefir mit Cassis, Zucker und Vanillin-Zucker in einer Schüssel verrühren. Gelatine ausdrücken, auflösen und zunächst mit etwas von der Kefirmasse verrühren, dann unter die restliche Kefirmasse rühren.

5 Sobald die Masse beginnt dicklich zu werden, Sahne steif schlagen und mit den Johannisbeeren unterheben. Cassiscreme in der Form auf dem Boden glatt streichen und 1–2 Stunden kalt stellen.

6 Für den Guss Saft mit Cassis-Likör und Götterspeisepulver verrühren und nach Packungsanleitung quellen lassen. Zucker hinzufügen und alles unter Rühren erwärmen, bis sich der Zucker gelöst hat. Die Flüssigkeit vollständig abkühlen lassen und vorsichtig auf die Creme gießen. Torte kalt stellen und den Guss fest werden lassen.

7 Für den Schokorand Kuvertüre in einem kleinen Topf im Wasserbad geschmeidig rühren, zu einem Quadrat (30 x 30 cm) dünn auf ein mit Backpapier belegtes Backblech streichen und die Kuvertüre fest werden lassen. Feste Kuvertüre in Platten in Tortenhöhe schneiden oder brechen. Torte auf eine Tortenplatte setzen, Tortenring lösen und den Rand mit den Schokoplatten belegen.

8 Kuvertürereste wieder auflösen, in ein Papiertütchen oder einen kleinen Gefrierbeutel geben, Ecke abschneiden und die Tortenoberfläche damit verzieren.

Kokos-Ananas-Torte

Zubereitungszeit: 60 Min.
Backzeit: etwa 25 Min.

Insgesamt:
E: 64 g, F: 182 g, Kh: 393 g, kJ: 14915, kcal: 3565

Für den Biskuitteig:

- **2 Eier (Größe M)**
- **2 EL heißes Wasser**
- **100 g Zucker**
- **1 Pck. Vanillin-Zucker**
- **75 g Weizenmehl**
- **50 g Speisestärke**
- **1 gestr. TL Backpulver**

Für den Belag:

- **8 Blatt weiße Gelatine**
- **300 g Naturjoghurt**
- **50 g Kokosraspel**
- **3 EL Zitronensaft**
- **100 g gesiebter Puderzucker**
- **1 Dose Ananasscheiben (Abtropfgewicht 490 g)**
- **400 ml Schlagsahne**

Zum Garnieren:

- **50 g dunkle Kuvertüre**
- **Borkenschokolade**

1 Für den Teig Eier und Wasser mit Handrührgerät mit Rührbesen auf höchster Stufe in 1 Minute schaumig schlagen. Zucker und Vanillin-Zucker mischen, in 1 Minute einstreuen, dann noch 2 Minuten weiterschlagen.

2 Mehl mit Speisestärke und Backpulver mischen, die Hälfte davon auf die Eiercreme sieben und kurz auf niedrigster Stufe unterrühren. Den Rest des Mehlgemisches auf die gleiche Weise unterarbeiten. Den Teig in eine Springform (Ø 26 cm, Boden gefettet, mit Backpapier belegt) füllen und die Form auf dem Rost in den Backofen schieben.

Ober-/Unterhitze:
etwa 180 °C (vorgeheizt)
Heißluft: etwa 160 °C (nicht vorgeheizt)
Gas: Stufe 2–3 (vorgeheizt)
Backzeit: etwa 25 Min.

3 Den Biskuitboden aus der Form lösen, auf einen mit Backpapier belegten Kuchenrost stürzen, mitgebackenes Backpapier abziehen und den Boden erkalten lassen.

4 Für den Belag Gelatine in kaltem Wasser nach Packungsanleitung einweichen. Joghurt mit Kokosraspeln, Zitronensaft und Puderzucker verrühren.

5 Gelatine leicht ausdrücken und in einem kleinen Topf bei schwacher Hitze unter Rühren auflösen. Aufgelöste Gelatine mit etwas von der Joghurtmasse verrühren, dann unter die restliche Joghurtmasse rühren.

6 Ananas auf einem Sieb gut abtropfen lassen und klein schneiden (1 Scheibe zum Garnieren beiseite legen). Den Tortenboden einmal waagerecht durchschneiden. Ananasstücke auf dem unteren Boden verteilen.

7 Wenn die Joghurtmasse beginnt dicklich zu werden, Sahne steif schlagen und unterheben. Gut die Hälfte der Joghurtcreme auf die Ananasstücke streichen, den oberen Boden darauf legen und leicht andrücken. Oberfläche und Rand der Torte mit der restlichen Joghurtcreme bestreichen.

8 Zum Garnieren Kuvertüre in einem Topf im Wasserbad bei schwacher Hitze geschmeidig rühren. Beiseite gelegte Ananasscheibe zum Teil in Stücke schneiden und Ananasstücke und Torte mit der Kuvertüre verzieren und mit Borkenschokolade garnieren.

Johannisbeer-Joghurt-Torte

Zubereitungszeit: 50 Min., ohne Kühlzeit
Backzeit: 20–25 Min.

Insgesamt:
E: 62 g, F: 177 g, Kh: 352 g, kJ: 14322, kcal: 3421

Für den Biskuitteig:

- **2 Eier (Größe M)**
- **2–3 EL heißes Wasser**
- **100 g Zucker**
- **1 Pck. Vanillin-Zucker**
- **75 g Weizenmehl**
- **50 g Speisestärke**
- **1 gestr. TL Backpulver**

Für die Füllung:

- **8 Blatt rote Gelatine**
- **500 g rote Johannisbeeren**
- **5–6 EL Zucker**
- **150 g Naturjoghurt**
- **2 EL Cassis-Likör**
- **3 EL kaltes Wasser**
- **250 ml (1/4 l) Schlagsahne**

Zum Bestreichen und Verzieren:

- **250 ml (1/4 l) Schlagsahne**
- **1 Pck. Sahnesteif**
- **1 TL Zucker**

- **gezuckerte Johannisbeerrispen**
- **abgezogene, gehobelte, geröstete Mandeln**

1 Für den Teig Eier und Wasser mit Handrührgerät mit Rührbesen auf höchster Stufe in 1 Minute schaumig schlagen. Zucker und Vanillin-Zucker mischen, in 1 Minute einstreuen, dann noch 2 Minuten weiterschlagen.

2 Mehl mit Speisestärke und Backpulver mischen, die Hälfte davon auf die Eiercreme sieben und kurz auf niedrigster Stufe unterrühren. Den Rest des Mehlgemischs auf die gleiche Weise unterarbeiten.

3 Den Teig in eine Springform (Ø 26 cm, Boden gefettet, mit Backpapier belegt) füllen und die Form auf dem Rost in den Backofen schieben.

Ober-/Unterhitze:
etwa 180 °C (vorgeheizt)
Heißluft: etwa 160 °C (vorgeheizt)
Gas: Stufe 2–3 (vorgeheizt)
Backzeit: 20–25 Min.

4 Den Tortenboden aus der Form lösen, auf einen mit Backpapier belegten Kuchenrost stürzen, mitgebackenes Backpapier abziehen und den Boden erkalten lassen.

5 Für die Füllung Gelatine nach Packungsanleitung einweichen. Johannisbeeren waschen, abtropfen lassen und mit einer Gabel von den Rispen streifen.

6 Die Johannisbeeren pürieren, durch ein feines Sieb streichen und mit Zucker, Joghurt und Cassis verrühren. Gelatine leicht ausdrücken, auflösen und mit etwas von der Johannisbeermasse verrühren, dann unter die restliche Johannisbeermasse rühren.

7 Wenn die Masse beginnt dicklich zu werden, Sahne steif schlagen und unterheben.

8 Den Tortenboden einmal waagerecht durchschneiden, den unteren Boden auf eine Tortenplatte legen und einen Tortenring oder einen mit Backpapier ausgelegten Springformrand darumstellen. Die Johannisbeersahne auf dem unteren Tortenboden verstreichen, den oberen Tortenboden darauf legen und etwas andrücken. Die Torte 2–3 Stunden kalt stellen.

9 Zum Bestreichen und Verzieren den Tortenring (Springformrand) lösen. Sahne mit Sahnesteif und Zucker steif schlagen. Die Torte ganz mit zwei Drittel der Sahne

(Fortsetzung Seite 26)

bestreichen. Restliche Sahne in einen Spritzbeutel mit Lochtülle füllen und die Torte damit verzieren. Die Torte mit angefeuchteten und in Zucker gewälzten Johannisbeerrispen und mit Mandeln garnieren.

Orangen-Blitztorte

Zubereitungszeit: 30 Min., ohne Kühlzeit
Backzeit: etwa 25 Min.

Insgesamt:
E: 80 g, F: 200 g, Kh: 568 g, kJ: 18973, kcal: 4538

Für den Schüttelteig:

- **275 g Weizenmehl**
- **3 gestr. TL Backpulver**
- **150 g Zucker**
- **1 Pck. Vanillin-Zucker**
- **4 Eier (Größe M)**
- **150 g zerlassene, abgekühlte Butter oder Margarine**
- **125 ml (1/8 l) Orangensaft oder Orangenbuttermilch**

Für die Orangencreme:

- **4 Blatt weiße Gelatine**
- **750 ml (3/4 l) Orangensaft oder Orangenbuttermilch**
- **40–50 g Zucker**
- **2 Pck. Pudding-Pulver Vanille-Geschmack**
- **150 g saure Sahne**

Zum Garnieren und Verzieren:

- **Puderzucker zum Bestäuben**
- **100 ml Schlagsahne**

1 Für den Teig alle Zutaten in eine verschließbare Schüssel (etwa 3 l) füllen, mit einem Deckel fest verschließen und mehrmals kräftig schütteln, so dass alle Zutaten gut vermischt sind. Alles mit einem Schneebesen oder Rührlöffel nochmals sorgfältig durchrühren, damit trockene Zutaten vom Rand mit untergerührt werden.

2 Den Teig auf ein Backblech (30 x 40 cm, gefettet, mit Backpapier belegt) streichen und das Backblech in den Backofen schieben.

Ober-/Unterhitze:
etwa 200 °C (vorgeheizt)
Heißluft: etwa 180 °C (vorgeheizt)
Gas: Stufe 3–4 (vorgeheizt)
Backzeit: etwa 20 Min.

3 Das Gebäck auf dem Backblech auf einem Kuchenrost erkalten lassen.

4 Für die Orangencreme Gelatine nach Packungsanleitung einweichen. Aus Saft, Zucker und Pudding-Pulver nach Packungsanleitung einen Pudding kochen (bei Verwendung von Buttermilch ständig rühren).

5 Topf von der Kochstelle nehmen, Gelatine ausdrücken, in dem heißen Pudding auflösen und saure Sahne unterrühren. Creme erkalten lassen, dabei gelegentlich umrühren.

6 Gebäckplatte auf eine Arbeitsfläche stürzen und das Backpapier abziehen. Von der längeren Seite einen 5 cm breiten und 40 cm langen Streifen abschneiden. Restliche Platte so halbieren, dass zwei Rechtecke (20 x 25 cm) entstehen.

7 Einen Boden auf eine Tortenplatte legen, die Hälfte der erkalteten Creme darauf streichen und den zweiten Boden darauf legen. Restliche Creme auf der Oberfläche glatt streichen. Torte 1–2 Stunden kalt stellen.

8 Zum Garnieren und Verzieren den zurückgelassenen Teigstreifen in unterschiedlich große Rechtecke schneiden und mit Puderzucker bestäuben. Sahne steif schlagen, in einen Spritzbeutel mit Sterntülle füllen, Tuffs auf die Tortenoberfläche spritzen und die Gebäckstücke dekorativ darauf verteilen.

Johannisbeer-Zitronen-Torte

Zubereitungszeit: 60 Min., ohne Kühlzeit
Backzeit: etwa 35 Min.

Insgesamt:
E: 91 g, F: 263 g, Kh: 586 g, kJ: 22005, kcal: 5259

Für den Knetteig:
- **125 g Weizenmehl**
- **50 g Zucker**
- **1 Ei (Größe M)**
- **50 g Butter oder Margarine**

Für den Biskuitteig:
- **2 Eier (Größe M)**
- **2 EL heißes Wasser**
- **100 g Zucker**
- **1 Pck. Vanillin-Zucker**
- **75 g Weizenmehl**
- **50 g Speisestärke**
- **1 Msp. Backpulver**

Zum Bestreichen:
- **2 EL Johannisbeergelee**

Für die Joghurtsahne:
- **8 Blatt weiße Gelatine**
- **500 g Naturjoghurt**
- **150 g Zucker**
- **1 Pck. Finesse Geriebene Zitronenschale**
- **6 EL Zitronensaft**
- **500 g rote Johannisbeeren**
- **500 ml (1/2 l) Schlagsahne**

Zum Bestreichen und Garnieren:
- **100 ml Schlagsahne**
- **einige gehackte Pistazienkerne**
- **etwas feinkörniger Zucker**
- **Zitronenmelisse**

1 Für den Knetteig Mehl in eine Rührschüssel sieben. Zucker, Ei und Butter oder Margarine hinzufügen. Die Zutaten mit Handrührgerät mit Knethaken zunächst kurz auf niedrigster, dann auf höchster Stufe gut durcharbeiten. Anschließend auf der leicht bemehlten Arbeitsfläche zu einem glatten Teig verkneten. Sollte er kleben, ihn eine Zeit lang kalt stellen.

2 Den Teig auf dem Boden einer Springform (Ø 26 cm, gefettet, mit Backpapier belegt) ausrollen, einen Springformrand darumlegen und die Form auf dem Rost in den Backofen schieben.

Ober-/Unterhitze:
etwa 200 °C (vorgeheizt)
Heißluft: etwa 180 °C (vorgeheizt)
Gas: Stufe 3–4 (vorgeheizt)
Backzeit: etwa 15 Min.

3 Nach dem Backen Springformrand entfernen, den Boden vom Springformboden lösen, aber darauf erkalten lassen.

4 Für den Biskuitteig Eier und Wasser mit Handrührgerät mit Rührbesen auf höchster Stufe in 1 Minute schaumig schlagen. Zucker und Vanillin-Zucker mischen, in 1 Minute einstreuen, dann noch 2 Minuten weiterschlagen.

5 Mehl mit Speisestärke und Backpulver mischen, die Hälfte davon auf die Eiercreme sieben, kurz auf niedrigster Stufe unterrühren, den Rest des Mehlgemisches auf die gleiche Weise unterarbeiten.

6 Den Teig in eine Springform (Ø 26 cm, Boden gefettet, mit Backpapier belegt) füllen. Die Form auf dem Rost in den Backofen schieben und **bei gleicher Backofeneinstellung etwa 20 Minuten** backen.

7 Nach dem Backen Boden lösen, auf einen mit Backpapier belegten Kuchenrost stürzen, mitgebackenes Papier abziehen und den Boden erkalten lassen.

8 Knetteigboden mit Gelee bestreichen, den Biskuitboden darauf legen, leicht andrücken und einen Springformrand darumstellen.

(Fortsetzung Seite 30)

9 Für die Joghurtsahne Gelatine nach Packungsanleitung einweichen. Joghurt mit Zucker, Zitronenschale und -saft verrühren. Gelatine ausdrücken, auflösen und mit etwas von der Joghurtmasse verrühren, dann unter die restliche Joghurtmasse rühren.

10 Johannisbeeren waschen, abtropfen lassen, von den Rispen streifen (einige Rispen zum Garnieren beiseite legen) und unter die Joghurtmasse heben.

11 Wenn die Masse beginnt dicklich zu werden, Sahne steif schlagen und unterheben. Die Creme in den Springformrand füllen, glatt streichen und die Torte 2–3 Stunden kalt stellen.

12 Zum Bestreichen und Garnieren Torte aus der Form lösen, Sahne steif schlagen und den Tortenrand damit bestreichen. Den unteren Teil des Tortenrandes mit Pistazien bestreuen.

13 Kurz vor dem Servieren restliche Johannisbeerrispen etwas anfeuchten, in Zucker wälzen und auf die Torte legen. Torte nach Belieben mit Melisseblättchen garnieren, auf eine Tortenplatte setzen und kühl servieren.

Feigen-Dickmilch-Torte

Zubereitungszeit: 35 Min., ohne Kühlzeit

Insgesamt:
E: 51 g, F: 219 g, Kh: 307 g, kJ: 15405, kcal: 3679

Für den Boden:
- **200 g Löffelbiskuits**
- **150 g zerlassene Butter**

Für den Belag:
- **8 Blatt weiße Gelatine**
- **75 g Zucker**
- **1 Pck. Finesse Geriebene Zitronenschale**
- **Saft von 1 Orange oder Zitrone**
- **500 g Dickmilch**
- **250 ml (1/4 l) Schlagsahne**
- **6 frische Feigen**

Für den Guss:
- **1 Pck. Tortenguss, klar**
- **2 gestr. EL Zucker**
- **250 ml (1/4 l) Weißwein oder Apfelsaft**

- **etwas Zitronenmelisse**

1 Für den Boden Löffelbiskuits in einen Gefrierbeutel geben, ihn verschließen und die Biskuits mit einer Teigrolle fein zerbröseln. Biskuitbrösel in eine Schüssel geben, Butter dazugeben und gut verrühren. Die Masse in eine Springform (Ø 26 cm, Boden gefettet, mit Backpapier belegt) geben und mit einem Esslöffel zu einem Boden andrücken.

2 Für den Belag Gelatine nach Packungsanleitung einweichen, leicht ausdrücken und auflösen. Zucker mit Zitronenschale, Orangen- oder Zitronensaft und Dickmilch verrühren, aufgelöste Gelatine langsam zugeben und unterrühren. Wenn die Masse beginnt dicklich zu werden, Sahne steif schlagen und unterheben. Dickmilchmasse auf dem Boden verteilen und etwa 2 Stunden kalt stellen.

3 Feigen waschen, abtrocknen, in Scheiben oder Spalten schneiden und auf der Torte verteilen.

4 Für den Guss Tortenguss nach Packungsanleitung zubereiten, vorsichtig auf die Torte gießen und fest werden lassen. Die Torte mit Zitronenmelisse garnieren.

Tipp:
Die Torte möglichst frisch verzehren.

Obsttraum mit Sekt

Zubereitungszeit: 50 Min., ohne Kühlzeit
Backzeit: 25–30 Min.

Insgesamt:
E: 75 g, F: 302 g, Kh: 597 g, kJ: 23785, kcal: 5683

Für den All-in-Teig:

- **130 g Weizenmehl**
- **3 gestr. TL Backpulver**
- **130 g Zucker**
- **1 Pck. Vanillin-Zucker**
- **1 Prise Salz**
- **4 Eier (Größe M)**
- **130 g weiche Butter oder Margarine**

Für die Füllung:

- **500 ml (1/2 l) Schlagsahne**
- **1 Pck. Sahnetortenhilfe**
- **75 g gesiebter Puderzucker**
- **150 ml Sekt**
- **50 ml Zitronensaft**
- **250 g Naturjoghurt**

Für den Belag:

- **750 g vorbereitetes Obst, z. B. Pfirsiche, Kiwis, Erdbeeren, Himbeeren, Melone**

Für den Guss:

- **1 Pck. Tortenguss, klar**
- **2 gestr. EL Zucker**
- **250 ml (1/4 l) Apfelsaft (oder halb Saft, halb Sekt)**

Für den Rand:

- **gehackte Pistazienkerne**

1 Für den Teig Mehl und Backpulver mischen und in eine Rührschüssel sieben. Restliche Zutaten hinzufügen. Alles mit Handrührgerät mit Rührbesen auf höchster Stufe in etwa 2 Minuten zu einem Teig verarbeiten.

2 Den Teig in eine Springform (Ø 26 cm, Boden gefettet, mit Backpapier belegt) füllen, glatt streichen und die Form auf dem Rost in den Backofen schieben.

Ober-/Unterhitze:
180–200 °C (vorgeheizt)
Heißluft: 160–180 °C (vorgeheizt)
Gas: etwa Stufe 3 (vorgeheizt)
Backzeit: 25–30 Min.

3 Nach dem Backen den Boden auf einen mit Backpapier belegten Kuchenrost stürzen, mitgebackenes Papier abziehen. Boden erkalten lassen und einmal waagerecht durchschneiden. Den unteren Boden auf eine Tortenplatte legen und einen Tortenring oder den gesäuberten Springformrand darumstellen.

4 Für die Füllung Sahne steif schlagen. Tortenhilfe mit Puderzucker in einer Schüssel mischen und dann nach Packungsanleitung – aber mit Sekt und Zitronensaft anstelle von Wasser – verrühren, Joghurt unterrühren und Sahne unterheben. Die Creme auf den unteren Tortenboden geben und verstreichen. Oberen Boden auflegen, etwas andrücken und die Torte etwa 1 Stunde kalt stellen.

5 Gemischtes Obst evtl. schälen, je nach Obst in Stücke oder Spalten schneiden und dekorativ auf dem oberen Boden verteilen.

6 Den Guss nach Packungsanleitung aus Tortengusspulver, Zucker und Apfelsaft zubereiten, sofort auf dem Obst verteilen und die Torte etwa 2 Stunden kalt stellen. Anschließend den Tortenring oder Springformrand mit Hilfe eines Messers vorsichtig lösen, entfernen und den Tortenrand nach Belieben mit Pistazienkernen bestreuen.

Tipp:
Die Torte kann auch nur mit einer Sorte Obst belegt werden.

Fanta-Stachelbeer-Torte*

Zubereitungszeit: 60 Min., ohne Kühlzeit
Backzeit: etwa 30 Min.

Insgesamt:
E: 59 g, F: 266 g, Kh: 423 g, kJ: 18691, kcal: 4464

Für den Teig:

- **2 Eier (Größe M)**
- **125 g Zucker**
- **75 ml Speiseöl**
- **75 ml Fanta Limette**
- **150 g Weizenmehl**
- **2 gestr. TL Backpulver**

Für die Fruchtfüllung:

- **500 g Stachelbeeren**
- **250 ml (1/4 l) Fanta Limette**
- **30 g Speisestärke**

Für den Belag:

- **4 Blatt weiße Gelatine**
- **250 g Schmand**
- **50 g Zucker**
- **250 ml (1/4 l) Schlagsahne**

Für den Guss:

- **200 ml Fanta Limette**
- **1 Pck. Tortenguss, klar**

Zum Verzieren:

- **150 ml Schlagsahne**

* Nicht durch Coca-Cola autorisiert

1 Für den Teig Eier, Zucker, Öl und Fanta auf höchster Stufe mit Handrührgerät mit Rührbesen in einer Schüssel verrühren. Mehl und Backpulver mischen, sieben und kurz unterrühren. Teig in eine Springform (Ø 26 cm, Boden gefettet, mit Backpapier belegt) füllen und glatt streichen. Die Form auf dem Rost in den Backofen schieben.

Ober-/Unterhitze:
etwa 180 °C (vorgeheizt)
Heißluft: etwa 160 °C (vorgeheizt)
Gas: Stufe 2–3 (vorgeheizt)
Backzeit : etwa 30 Min.

2 Den Boden auf einen Kuchenrost stürzen, mitgebackenes Backpapier abziehen, Boden erkalten lassen und einmal waagerecht durchschneiden. Unteren Boden auf eine Tortenplatte legen und einen Tortenring oden den gesäuberten Springformrand darumstellen.

3 Für die Fruchtfüllung Stachelbeeren putzen, Fanta (etwas zum Anrühren der Speisestärke zurückbehalten) mit den Stachelbeeren in einem Topf zum Kochen bringen. Speisestärke mit zurückbehaltener Flüssigkeit anrühren, unter Rühren in die kochende Masse geben und kurz aufkochen lassen. Fruchtfüllung auf den unteren Boden geben, glatt streichen und mit dem oberen Boden bedecken.

4 Für den Belag Gelatine nach Packungsanleitung einweichen. Schmand mit Zucker verrühren, Gelatine ausdrücken, auflösen, mit etwas von der Schmandmasse verrühren, dann unter die restliche Masse rühren. Sahne steif schlagen, unterheben, Masse in den Tortenring füllen und glatt streichen. Torte etwa 1 Stunde kalt stellen.

5 Für den Guss aus Fanta und Tortenguss, aber ohne Zucker nach Packungsanleitung einen Guss zubereiten und noch heiß auf die Creme gießen. Springform ein- bis zweimal auf der Arbeitsfläche aufklopfen, so dass die Creme Schlieren im Guss bildet. Torte nochmals 1 Stunde kalt stellen. Vor dem Servieren Tortenring oder Springformrand lösen und die Torte nach Belieben mit steif geschlagener Sahne verzieren.

Tipp:
Die Torte kann am Vortag zubereitet werden.
Das Grün des Gusses lässt sich mit etwas Speisefarbe noch verstärken.
Die Torte schmeckt auch mit anderen Fanta-Geschmacksrichtungen und entsprechenden Früchten.

Aprikosennektar-Torte

Zubereitungszeit: 45 Min., ohne Kühlzeit
Backzeit: etwa 25 Min.

Insgesamt:
E: 76 g, F: 160 g, Kh: 514 g, kJ: 16386, kcal: 3913

Für den Biskuitteig:

- **4 Eier (Größe M)**
- **3 EL heißes Wasser**
- **150 g Zucker**
- **1 Pck. Vanillin-Zucker**
- **100 g Weizenmehl**
- **100 g Speisestärke**
- **2 gestr. TL Backpulver**

Für die Füllung:

- **8 Blatt weiße Gelatine**
- **500 g Naturjoghurt**
- **200 ml Aprikosen- oder Pfirsichnektar**
- **60 g Zucker**
- **400 ml Schlagsahne**

Für den Guss:

- **2 Pck. Tortenguss, klar**
- **375 ml (3/8 l) Aprikosen- oder Pfirsichnektar**
- **125 ml (1/8 l) Wasser**

Zum Bestäuben:

- **etwas Puderzucker**

1 Für den Teig Eier und Wasser mit Handrührgerät mit Rührbesen auf höchster Stufe in 1 Minute schaumig schlagen. Zucker und Vanillin-Zucker mischen, in 1 Minute einstreuen, dann noch 2 Minuten weiterschlagen. Mehl mit Speisestärke und Backpulver mischen, die Hälfte davon auf die Eiercreme sieben und kurz auf niedrigster Stufe unterrühren. Den Rest des Mehlgemisches auf die gleiche Weise unterarbeiten. Den Teig in eine Springform (Ø 26 cm, Boden gefettet, mit Backpapier belegt) füllen und die Form auf dem Rost in den Backofen schieben.

Ober-/Unterhitze: 180–200 °C (vorgeheizt)
Heißluft: 160–180 °C (vorgeheizt)
Gas: etwa Stufe 3 (vorgeheizt)
Backzeit: etwa 25 Min.

2 Den Boden nach dem Backen auf einen mit Backpapier belegten Kuchenrost stürzen, mitgebackenes Backpapier abziehen und den Boden erkalten lassen.

3 Für die Füllung Gelatine nach Packungsanleitung einweichen. Joghurt mit Nektar und Zucker verrühren. Gelatine leicht ausdrücken und auflösen. Aufgelöste Gelatine mit etwas von der Joghurtmasse verrühren, dann unter die restliche Joghurtmasse rühren.

4 Biskuitboden zweimal waagerecht durchschneiden, den unteren Boden auf eine Tortenplatte legen und einen Tortenring oder den gesäuberten Springformrand darumlegen.

5 Wenn die Joghurtmasse beginnt dicklich zu werden, Sahne steif schlagen und unterheben. Die Joghurtsahne in den Tortenring geben und glatt streichen. Den oberen Boden zum Garnieren beiseite legen, den mittleren Boden auf die Joghurtsahne legen, leicht andrücken und die Torte 2–3 Stunden kalt stellen.

6 Für den Guss aus Tortengusspulver, Nektar und Wasser, aber ohne Zucker nach Packungsanleitung einen Guss zubereiten und auf den Boden in die Form gießen.

7 Torte nochmals kurz kalt stellen, bis der Guss fest geworden ist. Vor dem Servieren Springformrand oder Tortenring mit einem Messer lösen und entfernen.

8 Aus der beiseite gelegten Biskuitlage beliebige Motive (z. B. Herzen) ausstechen, mit etwas Puderzucker bestäuben und auf die Tortenoberfläche legen.

Orangen-Joghurt-Torte

Zubereitungszeit: 60 Min., ohne Kühlzeit
Backzeit: etwa 25 Min.

Insgesamt:
E: 57 g, F: 177 g, Kh: 538 g, kJ: 17056, kcal: 4076

Für den Biskuitteig:

- **3 Eier (Größe M)**
- **2 EL heißes Wasser**
- **125 g Zucker**
- **1 Pck. Vanillin-Zucker**
- **125 g Weizenmehl**
- **75 g Speisestärke**
- **2 gestr. TL Backpulver**

Für die Joghurtcreme:

- **8 Blatt weiße Gelatine**
- **500 g Orangenjoghurt**
- **4 EL Zitronensaft**
- **75 g Zucker**
- **1 Pck. Finesse Orangenfrucht**
- **2 Orangen**
- **250 ml (1/4 l) Schlagsahne**

Zum Bestreichen:

- **250 ml (1/4 l) Schlagsahne**
- **1 Pck. Sahnesteif**
- **1 Pck. Vanillin-Zucker**

Zum Garnieren:

- **1/2 Orange**
- **100 ml Wasser**
- **125 g Zucker**

1 Für den Teig Eier und Wasser mit Handrührgerät mit Rührbesen auf höchster Stufe in 1 Minute schaumig schlagen. Zucker und Vanillin-Zucker mischen, in 1 Minute einstreuen, dann noch 2 Minuten weiterschlagen.

2 Mehl mit Speisestärke und Backpulver mischen, die Hälfte davon auf die Eiercreme sieben und kurz auf niedrigster Stufe unterrühren. Den Rest des Mehlgemisches auf die gleiche Weise unterarbeiten.

3 Den Teig in eine Springform (Ø 26 cm, Boden gefettet, mit Backpapier belegt) füllen und die Form auf dem Rost in den Backofen schieben.

Ober-/Unterhitze:
etwa 200 °C (vorgeheizt)
Heißluft: etwa 180 °C (vorgeheizt)
Gas: Stufe 3–4 (vorgeheizt)
Backzeit: etwa 25 Min.

4 Den Boden aus der Form lösen, auf einen mit Backpapier belegten Kuchenrost stürzen, mitgebackenes Backpapier abziehen und den Boden erkalten lassen.

5 Für die Joghurtcreme Gelatine nach Packungsanleitung einweichen. Joghurt mit Zitronensaft, Zucker und Orangenfrucht verrühren. Gelatine leicht ausdrücken und in einem kleinen Topf unter Rühren erwärmen, bis sie gelöst ist. Gelatine mit etwas von der Joghurtmasse verrühren, dann unter die restliche Joghurtmasse rühren.

6 Orangen schälen, so dass die weiße Haut mit entfernt wird und filetieren, Saft dabei auffangen und beiseite stellen. Sobald die Joghurtmasse beginnt dicklich zu werden, Sahne steif schlagen und unterheben, Orangenfilets ebenfalls unterheben.

7 Den Boden einmal waagerecht durchschneiden und den unteren Boden auf eine Tortenplatte legen. Einen Tortenring oder den gesäuberten Springformrand darumlegen. Die Joghurtcreme auf dem Boden verteilen, oberen Boden auflegen und leicht andrücken. Den Boden mit einer Gabel einstechen und mit dem beiseite gestellten Orangensaft tränken. Die Torte etwa 2 Stunden kalt stellen.

8 Zum Bestreichen Tortenring oder Springformrand lösen und entfernen. Sahne mit Sahnesteif und Vanillin-Zucker steif schlagen und die Torte damit vollständig bestreichen.

(Fortsetzung Seite 40)

9 Zum Garnieren Orange heiß abwaschen und in dünne Scheiben schneiden. Wasser mit Zucker aufkochen lassen, die Orangenscheiben hineingeben und etwa 10 Minuten bei schwacher Hitze kochen lassen. Scheiben abtropfen und abkühlen lassen, evtl. halbieren und auf der Tortenoberfläche verteilen.

Göttliche Himbeer-Wölkchen-Torte

Zubereitungszeit: 50 Min., ohne Kühlzeit

Insgesamt:
E: 56 g, F: 226 g, Kh: 325 g, kJ: 15371, kcal: 3672

Für den Boden:

- **200 g Butterkekse**
- **100 g Butter**
- **50 g Zucker**

Für den Belag:

- **2 Beutel aus 1 Pck. Götterspeise Himbeer-Geschmack**
- **250 ml (1/4 l) Wasser**
- **300 g Himbeerjoghurt**
- **200 g Schmand**
- **100 g Zucker**
- **100 ml Schlagsahne**

Zum Verzieren und Garnieren:

- **100 ml Schlagsahne**
- **einige frische verlesene Himbeeren oder Geleehimbeeren**

1 Für den Boden Butterkekse in einen Gefrierbeutel geben, den Beutel verschließen und die Kekse mit einer Teigrolle zerdrücken. Butter und Zucker mit Handrührgerät mit Rührbesen schaumig rühren und die Keksbrösel unterrühren. Masse in einer Springform (Ø 26 cm, Boden gefettet, mit Backpapier belegt) verteilen und gut andrücken. Springform kalt stellen.

2 Für den Belag Götterspeise nach Packungsanleitung, aber mit nur 250 ml Wasser zum Quellen anrühren. Joghurt mit Schmand verrühren. Zucker zur gequollenen Götterspeise geben und nach Packungsanleitung auflösen. Die Hälfte der Flüssigkeit unter die Joghurt-Schmand-Masse rühren und kalt stellen. Unter die restliche Flüssigkeit 200 ml kaltes Wasser rühren und bei Zimmertemperatur stehen lassen.

3 Sobald die Joghurt-Schmand-Masse beginnt dicklich zu werden, Sahne steif schlagen und unterheben. Masse auf den Keksboden in die Springform geben und glatt streichen. Torte etwa 1 Stunde kalt stellen. Zurückgelassene Götterspeiseflüssigkeit vorsichtig auf die Torte gießen und die Torte nochmals etwa 1 Stunde kalt stellen, bis der Götterspeisespiegel fest geworden ist.

4 Zum Verzieren und Garnieren Torte aus der Form lösen. Kurz vor dem Servieren Sahne steif schlagen und mit einem Teelöffel kleine Wölkchen auf die Oberfläche setzen. Die Torte mit Himbeeren garnieren.

Tipp:
Der Boden schmeckt statt mit Butterkeksen auch mit 200 g Kokoszwieback. Nach Belieben können unter die Joghurt-Schmand-Masse zusätzlich 150 g verlesene Himbeeren gehoben werden.
Die Torte kann auch mit Zitronen-Götterspeise und Zitronenjoghurt zubereitet werden.
Sie kann am Vortag zubereitet werden.

Erdbeer-Dickmilch-Torte

Zubereitungszeit: 50 Min., ohne Kühlzeit
Backzeit: etwa 20 Min.

Insgesamt:
E: 84 g, F: 250 g, Kh: 481 g, kJ: 19492, kcal: 4649

Für den Knetteig:
- **125 g Weizenmehl**
- **1 Msp. Backpulver**
- **50 g Puderzucker**
- **1 Pck. Vanillin-Zucker**
- **1 Prise Salz**
- **1 Eigelb (Größe M)**
- **80 g weiche Butter oder Margarine**

Für den Biskuitteig:
- **1 Ei (Größe M)**
- **1 Eiweiß (Größe M)**
- **2 EL heißes Wasser**
- **50 g gesiebter Puderzucker**
- **1 Pck. Vanillin-Zucker**
- **½ Pck. Finesse Geriebene Zitronenschale**
- **50 g Weizenmehl**
- **1 gestr. TL Backpulver**

Zum Bestreichen:
- **2 EL Erdbeerkonfitüre**

Für die Erdbeercreme:
- **400 ml Schlagsahne**
- **200 g pürierte Erdbeeren**
- **1 Pck. Käse-Sahne Tortencreme**
- **½ Pck. Finesse Geriebene Zitronenschale**
- **500 g Dickmilch**

Zum Verzieren und Garnieren:
- **100 ml Schlagsahne**
- **200 g vorbereitete Erdbeeren**
- **nach Belieben einige gehackte Pistazienkerne**

1 Für den Knetteig Mehl mit Backpulver und Puderzucker mischen und in eine Rührschüssel sieben. Vanillin-Zucker, Salz, Eigelb und Butter hinzufügen. Die Zutaten mit Handrührgerät mit Knethaken zunächst kurz auf niedrigster, dann auf höchster Stufe gut durcharbeiten.

2 Anschließend auf der Arbeitsfläche zu einem glatten Teig verkneten. Sollte er kleben, ihn in Folie gewickelt eine Zeit lang kalt stellen.

3 Den Teig auf dem Boden einer Springform (Ø 26 cm, Boden gefettet) ausrollen, mehrmals mit einer Gabel einstechen. Springformrand darumstellen und die Form auf dem Rost in den Backofen schieben.

Ober-/Unterhitze:
etwa 200 °C (vorgeheizt)
Heißluft: etwa 180 °C (vorgeheizt)
Gas: Stufe 3–4 (vorgeheizt)
Backzeit: 10–12 Min.

4 Den Boden sofort nach dem Backen vom Springformboden lösen, jedoch darauf erkalten lassen.

5 Für den Biskuitteig Ei mit Eiweiß und Wasser mit Handrührgerät mit Rührbesen auf höchster Stufe in 1 Minute schaumig schlagen. Puderzucker mit Vanillin-Zucker und Zitronenschale mischen, in 1 Minute einstreuen, dann noch 2 Minuten weiterschlagen.

6 Mehl mit Backpulver mischen, auf die Eiercreme sieben und kurz auf niedrigster Stufe unterrühren. Den Teig in eine Springform (Ø 26 cm, Boden gefettet, mit Backpapier belegt) füllen und glatt streichen. Die Form auf dem Rost in den Backofen schieben und den Boden **bei gleicher Backofeneinstellung 8–10 Minuten** backen.

7 Den Boden aus der Form lösen, auf einen mit Backpapier belegten Kuchenrost stürzen, mitgebackenes Backpapier abziehen und den Boden erkalten lassen.

(Fortsetzung Seite 44)

8 Zum Bestreichen Knetteigboden auf eine Tortenplatte legen, mit Konfitüre bestreichen und Biskuitboden darauf legen. Den gesäuberten Springformrand darumlegen.

9 Für die Erdbeercreme Sahne steif schlagen. Das Erdbeerpüree mit dem Dekorzucker aus der Tortencreme-Packung verrühren.

Die Tortencreme nach Packungsanleitung – aber mit Erdbeerpüree anstelle von Wasser – zubereiten. Zitronenschale und Dickmilch unterrühren und Sahne unterheben.

10 Die Erdbeercreme auf den Boden in die Springform geben, glatt streichen und die Torte 2–3 Stunden kalt stellen.

11 Zum Verzieren und Garnieren den Springformrand vorsichtig lösen und entfernen. Sahne steif schlagen, in einen Spritzbeutel mit Sterntülle füllen und die Tortenoberfläche damit verzieren. Erdbeeren evtl. halbieren und darauf verteilen. Nach Belieben einige Pistazienkerne darüber streuen.

Früchte-Joghurt-Torte

Zubereitungszeit: 40 Min., ohne Kühlzeit

Insgesamt:
E: 61 g, F: 124 g, Kh: 185 g, kJ: 9081, kcal: 2172

Für den Boden:

- **100 g Löffelbiskuits**
- **50 g Butter**

Für die Füllung:

- **4 Blatt weiße Gelatine**
- **150 g Naturjoghurt**
- **50 g Zucker**
- **1 Pck. Vanillin-Zucker**
- **1 EL Zitronensaft**
- **200 ml Schlagsahne**

Für den Belag:

- **400 g vorbereitetes, frisches Obst der Saison, z. B. Erdbeeren, Nektarinen, Pfirsiche**
- **½ Pck. gezuckerter Tortenguss, klar**
- **125 ml (⅛ l) Apfelsaft**

1 Für den Boden Löffelbiskuits in einen Gefrierbeutel geben, den Beutel verschließen, die Löffelbiskuits mit einer Teigrolle zerdrücken und in eine Schüssel geben.

2 Butter zerlassen, zu den Löffelbiskuits geben und gut verrühren. Einen Springformrand (Ø 20 cm) oder einen Tortenring auf eine kleine Tortenplatte stellen. Die Löffelbiskuitmasse gleichmäßig darin verteilen und mit einem Löffel gut andrücken. Boden kalt stellen.

3 Für die Füllung Gelatine nach Packungsanleitung einweichen. Joghurt mit Zucker, Vanillin-Zucker und Zitronensaft verrühren. Gelatine ausdrücken, auflösen und unter die Joghurtcreme rühren.

4 Wenn die Creme beginnt dicklich zu werden, Sahne steif schlagen und unterheben. Die Creme auf den Boden füllen und glatt streichen. Die Torte etwa 2 Stunden kalt stellen.

5 Für den Belag die Torte mit dem vorbereiteten Obst belegen. Aus Tortenguss und Apfelsaft nach Packungsanleitung einen Guss zubereiten und über das Obst geben. Die Torte kalt stellen und den Guss fest werden lassen. Vor dem Servieren den Springformrand (Tortenring) entfernen.

Saure Johannisbeertorte

Zubereitungszeit: 45 Min., ohne Kühlzeit
Backzeit: etwa 15 Min.

Insgesamt:
E: 60 g, F: 186 g, Kh: 391 g, kJ: 15226, kcal: 3639

Für den Knetteig:

- **200 g Weizenmehl**
- **1 Msp. Backpulver**
- **50 g Zucker**
- **2 EL Sherry oder Wasser**
- **125 g Butter oder Margarine**

Für die Fruchtfüllung:

- **300 g rote Johannisbeeren**
- **1 Pck. Tortenguss, rot**
- **50 g Zucker**
- **250 ml (1/4 l) Wasser oder halb Wasser, halb Johannisbeersaft**

Für die Joghurtcreme:

- **6 Blatt weiße Gelatine**
- **500 g Naturjoghurt**
- **50 g Zucker**
- **200 ml Schlagsahne**

Zum Garnieren:

- **einige saure Johannisbeeren (Fruchtgummi von Katjes)**

1 Für den Teig Mehl in eine Rührschüssel sieben, restliche Zutaten hinzufügen und alles mit Handrührgerät mit Knethaken zu einem glatten Teig verarbeiten. Gut zwei Drittel des Teiges auf dem gefetteten Boden einer Springform (Ø 26 cm) ausrollen und mehrmals mit einer Gabel einstechen.

2 Einen Springformrand darumstellen, aus dem restlichen Teig eine Rolle formen, sie an den Springformrand legen und zu einem 3 cm hohen Rand andrücken. Die Form auf dem Rost in den Backofen schieben.

Ober-/Unterhitze: etwa 200 °C (vorgeheizt)
Heißluft: etwa 180 °C (vorgeheizt)
Gas: Stufe 2–3 (vorgeheizt)
Backzeit: etwa 15 Min.

3 Den Boden lösen, aber auf dem Springformboden erkalten lassen. Boden anschließend auf eine Tortenplatte legen.

4 Für die Fruchtfüllung Johannisbeeren verlesen und waschen. Aus Tortenguss, 50 g Zucker und Flüssigkeit nach Packungsanleitung einen Guss zubereiten. Johannisbeeren unterheben, die Fruchtfüllung auf dem Boden verstreichen und erkalten lassen.

5 Für die Joghurtcreme Gelatine nach Packungsanleitung einweichen. Joghurt mit Zucker in einer Schüssel verrühren. Gelatine ausdrücken, auflösen und mit etwas Joghurt verrühren, dann unter den restlichen Joghurt rühren. Sobald die Masse beginnt dicklich zu werden, Sahne steif schlagen und unterheben.

6 Die Joghurtcreme leicht wellenartig auf die Fruchtfüllung streichen und die Torte 1–2 Stunden kalt stellen.

7 Vor dem Servieren die Torte mit sauren Johannisbeeren garnieren.

Tipp:
Ersetzen Sie bei der Füllung etwas Wasser oder Saft durch Cassis-Likör. Sie können die Torte auch mit einigen Johannisbeerrispen garnieren.

Quark-Kirsch-Torte

Zubereitungszeit: 60 Min., ohne Kühlzeit

Insgesamt:
E: 118 g, F: 144 g, Kh: 401 g, kJ: 14623, kcal: 3491

Für den Boden:

- **100 g Zartbitterschokolade**
- **50 g Vollmilchschokolade**
- **50 g Cornflakes**

Für den Kirschbelag:

- **1 Glas entsteinte Sauerkirschen (Abtropfgewicht 370 g)**
- **½ Zimtstange**
- **2 gestr. EL Zucker**
- **20 g Speisestärke**
- **2 EL Wasser**

Für die Creme:

- **5 Blatt weiße Gelatine**
- **100 g Doppelrahm-Frischkäse**
- **250 g Magerquark**
- **70 g Zucker**
- **1 Pck. Vanillin-Zucker**
- **Saft von ½ Zitrone**
- **200 ml Schlagsahne**

Zum Garnieren:

- **einige frische Kirschen**

1 Für den Boden Zartbitter- und Vollmilchschokolade grob zerkleinern und in einem kleinen Topf im Wasserbad bei schwacher Hitze zu einer geschmeidigen Masse verrühren.

2 Cornflakes unterrühren. Die Masse in eine Springform (Ø 20 cm, Boden mit Speiseöl bestrichen) füllen und gut verteilen. Boden kalt stellen, bis er fest geworden ist.

3 Für den Kirschbelag Kirschen auf einem Sieb abtropfen lassen, den Saft dabei auffangen. 125 ml (1/8 l) davon abmessen und beiseite stellen. Den restlichen Kirschsaft mit Zimt und Zucker aufkochen lassen.

4 Speisestärke mit Wasser anrühren und den Kirschsaft damit binden. Die Kirschen unterheben und erkalten lassen.

5 Die Zimtstange aus der erkalteten Kirschmasse entfernen, die Masse auf den Boden streichen und wieder kalt stellen.

6 Für die Creme 3 Blatt Gelatine in kaltem Wasser einweichen. Frischkäse mit Quark, Zucker, Vanillin-Zucker und Zitronensaft verrühren.

7 Die Gelatine ausdrücken, auflösen, zunächst mit etwas von der Quarkcreme verrühren und dann unter die restliche Quarkcreme rühren.

8 Wenn die Creme anfängt dicklich zu werden, Sahne steif schlagen und unterheben. Die Quark-Sahne-Creme auf die Kirschen streichen und die Torte 1–2 Stunden kalt stellen.

9 Die restlichen 2 Blatt Gelatine in kaltem Wasser einweichen, anschließend ausdrücken, auflösen, mit dem beiseite gestellten Kirschsaft verrühren und kalt stellen.

10 Sobald der Saft anfängt dicklich zu werden, ihn esslöffelweise auf die Quark-Sahne-Creme geben. Die Torte kalt stellen, bis der Guss fest geworden ist, dann den Springformrand entfernen und die Tortenoberfläche mit Kirschen garnieren.

Tipp:
Nach Belieben nur etwa zwei Drittel der Sahne unter die Creme rühren. Vor dem Servieren die restliche Sahne in einen Spritzbeutel füllen und die Torte damit verzieren.

Rhabarbertorte

Zubereitungszeit: 60 Min., ohne Durchzieh- und Kühlzeit
Backzeit: etwa 20 Min.

Insgesamt:
E: 48 g, F: 151 g, Kh: 322 g, kJ: 12212, kcal: 2918

Für den Biskuitteig:

- **2 Eier (Größe M)**
- **80 g Zucker**
- **1 Pck. Vanillin-Zucker**
- **1 Pck. Finesse Geriebene Zitronenschale**
- **100 g Weizenmehl**
- **1 gestr. TL Backpulver**
- **15 g zerlassene, abgekühlte Butter**

Für den Belag:

- **350 g Rhabarber**
- **100 g Zucker**
- **1 Pck. Vanillin-Zucker**
- **6 Blatt rote Gelatine**
- **400 ml Schlagsahne**

Zum Verzieren:

- **50 g Erdbeerkonfitüre**

1 Für den Teig Eier mit Handrührgerät mit Rührbesen auf höchster Stufe in 1 Minute schaumig schlagen. Zucker, Vanillin-Zucker und Zitronenschale mischen, in 1 Minute einstreuen, dann noch 2 Minuten weiterschlagen.

2 Mehl mit Backpulver mischen, die Hälfte davon auf die Eiercreme sieben und kurz auf niedrigster Stufe unterrühren. Den Rest des Mehlgemisches auf die gleiche Weise unterarbeiten. Zuletzt kurz die Butter unterrühren.

3 Den Teig in eine Springform (Ø 26 cm, Boden gefettet, mit Backpapier belegt) füllen, glatt streichen und die Form auf dem Rost in den Backofen schieben.

Ober-/Unterhitze:
etwa 180 °C (vorgeheizt)
Heißluft: etwa 160 °C (vorgeheizt)
Gas: Stufe 2–3 (vorgeheizt)
Backzeit: etwa 20 Min.

4 Nach dem Backen den Boden aus der Form lösen, auf einen mit Backpapier belegten Kuchenrost stürzen, mitgebackenes Backpapier abziehen und Boden erkalten lassen. Anschließend auf eine Tortenplatte legen und einen Tortenring darumstellen.

5 Für den Belag Rhabarber waschen, putzen, in kleine Stücke schneiden, in einem Topf mit Zucker und Vanillin-Zucker vermischen und 1 Stunde durchziehen lassen.

6 Rhabarber in etwas Wasser in 5 Minuten weich kochen. Nach 2 Minuten etwa 8 kleinere Rhabarberstücke zum Garnieren herausnehmen und beiseite stellen. Übrigen Rhabarber durch ein Sieb passieren, 250 g abwiegen und erkalten lassen.

7 Gelatine nach Packungsanleitung einweichen und auflösen. Zunächst mit etwas Rhabarbermus verrühren, dann unter das übrige Mus rühren.

8 Wenn die Masse beginnt dicklich zu werden, Sahne steif schlagen und unterheben. Creme auf dem Boden glatt streichen und die Torte 2–3 Stunden kalt stellen.

9 Vor dem Servieren Tortenring lösen, die Torte mit den übrigen Rhabarberstücken garnieren.

10 Zum Verzieren Konfitüre durch ein Sieb streichen, in einem kleinen Topf etwas einkochen lassen. Konfitüre etwas abkühlen lassen, in ein Papierspritztütchen oder einen kleinen Gefrierbeutel füllen, eine kleine Ecke abschneiden und zuerst die übrigen Rhabarberstücke glasieren und die Stücke auf die Torte legen. Mit restlicher Konfitüre die Tortenoberfläche dekorativ verzieren.

Fruchtzwerge-Drink-Torte

Zubereitungszeit: 45 Min.
Backzeit: etwa 25 Min.

Insgesamt:
E: 59 g, F: 204 g, Kh: 435 g, kJ: 16482, kcal: 3938

Für den All-in-Teig:

- **125 g Weizenmehl**
- **2 gestr. TL Backpulver**
- **125 g Zucker**
- **1 Pck. Vanillin-Zucker**
- **3 Eier (Größe M)**
- **125 g Butter oder Margarine**

Für den Fruchtbelag:

- **1 Dose Pfirsichhälften (Abtropfgewicht 240 g)**
- **250 ml (1/4 l) Pfirsichsaft (evtl. mit Wasser aufgefüllt)**
- **1 Pck. Tortenguss, klar**

Für die Creme:

- **1 Pck. Galetta Dessert-pulver Vanille-Geschmack**
- **400 ml (= 4 x 100 ml) Fruchtzwerge-Drink Pfirsich-Aprikose**
- **250 ml (1/4 l) Schlagsahne**

Zum Garnieren:

- **2 Kiwis**
- **100 g vorbereitete Himbeeren**
- **1 Pck. Saucenpulver Vanille-Geschmack, ohne Kochen**

1 Für den Teig Mehl mit Backpulver mischen und in eine Rührschüssel sieben. Restliche Zutaten hinzufügen und alles mit Handrührgerät mit Rührbesen auf höchster Stufe in etwa 2 Minuten zu einem Teig verarbeiten.

2 Teig in eine Obstbodenform (Ø 26 cm, gefettet, gemehlt) füllen und glatt streichen. Die Form auf dem Rost in den Backofen schieben.

Ober-/Unterhitze:
etwa 180 °C (vorgeheizt)
Heißluft: etwa 160 °C (vorgeheizt)
Gas: Stufe 2–3 (vorgeheizt)
Backzeit: etwa 25 Min.

3 Den Boden aus der Form lösen, auf einen mit Backpapier belegten Kuchenrost stürzen und erkalten lassen.

4 Für den Fruchtbelag Pfirsiche auf einem Sieb abtropfen lassen, den Saft dabei auffangen. Zwei Pfirsichhälften beiseite legen, restliche Pfirsiche würfeln. Aus Saft (evtl. mit Wasser aufgefüllt) und Tortengusspulver nach Packungsanleitung einen Guss zubereiten. Pfirsichwürfel unterheben, die Masse auf dem Boden verteilen und fest werden lassen.

5 Für die Creme Galetta nach Packungsanleitung, aber statt mit Milch mit Fruchtzwerge-Drink aufschlagen. Sahne steif schlagen und unterheben. Die Creme auf dem Fruchtbelag verstreichen und 12 Tortenstücke markieren.

6 Zum Garnieren Kiwis schälen und pürieren. Himbeeren und zurückgelassene Pfirsiche ebenfalls getrennt pürieren. Jedes Fruchtpüree mit 2–3 gestrichenen Teelöffeln Saucenpulver verrühren, bis die Fruchtpürees dickflüssig werden. Jedes Fruchtpüree in einen Gefrierbeutel geben und eine Ecke abschneiden. Abwechselnd die markierten Tortenstücke mit den Fruchpürees ausfüllen.

Tipp:
Die Torte vor dem Servieren mit weißen Kuvertüreraspeln garnieren.
Die Torte kann am Vortag zubereitet werden.
Es können auch 250 g Himbeeren oder Aprikosen auf dem Obstboden verteilt werden.
Die Fruchtpürees können auch mit je 100 ml Saft zubereitet werden, dann 3 gestrichene Teelöffel Saucenpulver je Saft verwenden.
Den Fruchtzwerge-Drink gibt es auch in den Geschmacksrichtungen Erdbeere und Vanille.

Fruchtbombe

Zubereitungszeit: 60 Min., ohne Kühlzeit
Backzeit: etwa 15 Min., je Backblech

Insgesamt:
E: 89 g, F: 320 g, Kh: 454 g, kJ: 21759, kcal: 5206

Für den Knetteig:
- **300 g Weizenmehl**
- **50 g Zucker**
- **100 ml kaltes Wasser**
- **200 g Butter oder Margarine**
- **100 g Kokosraspel**

Zum Bestreichen:
- **3 EL Milch**

Für die Füllung:
- **10 Blatt weiße Gelatine**
- **500 g Dickmilch**
- **250 g Vanillejoghurt**
- **50 g Zucker**
- **400 g Schwartau Fruchtbombe Himbeer-Apfel (= 4 x 100 g = 2 Pck.)**
- **200 ml Schlagsahne**

1 Für den Teig Mehl in eine Rührschüssel sieben, restliche Zutaten hinzufügen und alles mit Handrührgerät mit Knethaken zu einem glatten Teig verarbeiten. Teig in Folie gewickelt eine Zeit lang kalt stellen.

2 Teig in 3 Portionen teilen, zu Kugeln formen und jede Kugel zu einem Boden (Ø 26 cm) ausrollen. Böden auf mit Backpapier belegte Backbleche legen, mit Milch bestreichen und die Backbleche nacheinander (bei Heißluft zusammen) in den Backofen schieben.

Ober-/Unterhitze: etwa 200 °C (vorgeheizt)
Heißluft: etwa 180 °C (vorgeheizt)
Gas: Stufe 3–4 (vorgeheizt)
Backzeit: etwa 15 Min. je Backblech

3 Die Böden auf den Backblechen auf Kuchenrosten erkalten lassen.

4 Für die Füllung Gelatine nach Packunganleitung einweichen. Dickmilch mit Joghurt und Zucker in einer Schüssel verrühren. Fruchtbombe Fruchtzubereitung in eine andere Schüssel geben. Gelatine ausdrücken und auflösen. Zunächst 3 Teelöffel von der flüssigen Gelatine mit der Fruchtzubereitung verrühren und beiseite stellen. Restliche flüssige Gelatine mit etwas von der Dickmilchmasse verrühren, dann unter die restliche Dickmilchmasse rühren. Sahne steif schlagen und unter die Dickmilchmasse heben.

5 Knapp ein Viertel der Dickmilchsahne auf einen Knetteigboden streichen, mit einem Drittel der Fruchtzubereitung bestreichen, ein Drittel der restlichen Dickmilchsahne darauf streichen und mit dem zweiten Boden bedecken.

6 Knapp die Hälfte der restlichen Dickmilchsahne darauf streichen und die Hälfte der restlichen Fruchtzubereitung darauf verteilen. Mit der restlichen Dickmilchsahne (einige Esslöffel zum Garnieren zurücklassen) bestreichen und den dritten Boden auflegen.

7 Die Oberfläche der Torte mit der zurückgelassenen Dickmilchsahne und Fruchtzubereitung in Klecksen garnieren und die Torte etwa 2 Stunden kalt stellen.

Tipp:
Nach Belieben kann die Torte noch mit frischen Früchten (Apfelspalten und Himbeeren) und mit gerösteten Kokosraspeln garniert werden.
Die Torte kann am Vortag zubereitet werden.
Anstelle von Dickmilch und Joghurt kann auch nur Joghurt verwendet werden.

Orangen-Brösel-Torte

Zubereitungszeit: 50 Min., ohne Kühlzeit
Backzeit: etwa 30 Min.

Insgesamt:
E: 96 g, F: 189 g, Kh: 438 g, kJ: 16597, kcal: 3967

Für den Biskuitteig:

- **3 Eier (Größe M)**
- **3 EL Orangensaft**
- **150 g Zucker**
- **1 Pck. Vanillin-Zucker**
- **150 g Weizenmehl**
- **1 gestr. TL Backpulver**
- **50 g abgezogene, gemahlene Mandeln**

Für die Füllung:

- **12 Blatt weiße Gelatine**
- **500 g Orangenjoghurt**
- **50 g Zucker**
- **125 ml (1/8 l) Orangensaft**
- **250 ml (1/4 l) Schlagsahne**

Zum Verzieren:

- **150 ml Schlagsahne**
- **etwas Puderzucker**

1 Für den Teig Eier und Orangensaft mit Handrührgerät mit Rührbesen auf höchster Stufe in 1 Minute schaumig schlagen. Zucker und Vanillin-Zucker mischen, in 1 Minute einstreuen und noch 2 Minuten weiterschlagen. Mehl und Backpulver mischen, sieben, mit den Mandeln vermengen und in zwei Portionen kurz unterrühren.

2 Teig in eine Springform (Ø 26 cm, Boden gefettet, mit Backpapier belegt) füllen, glatt streichen und die Form auf dem Rost in den Backofen schieben.

Ober-/Unterhitze:
etwa 180 °C (vorgeheizt)
Heißluft: etwa 160 °C (vorgeheizt)
Gas: Stufe 2–3 (vorgeheizt)
Backzeit: etwa 30 Min.

3 Den Boden aus der Form lösen und auf einem mit Backpapier belegten Kuchenrost erkalten lassen. Anschließend Backpapier abziehen.

4 Den erkalteten Boden auf eine Tortenplatte legen und so aushöhlen, dass ein etwa 2 cm breiter Rand stehen bleibt. Die Gebäckreste fein zerbröseln und beiseite stellen.

5 Für die Füllung Gelatine nach Packungsanleitung einweichen. Joghurt mit Zucker in eine Schüssel geben und verrühren, Gelatine ausdrücken und auflösen. 6 Teelöffel davon mit dem Orangensaft verrühren, restliche Gelatine unter die Joghurtmasse rühren. Sobald die Joghurtmasse beginnt dicklich zu werden, Sahne steif schlagen und unterheben.

6 Joghurtsahne in den ausgehöhlten Boden füllen und glatt streichen, zwei Drittel von der Orangensaftmasse darauf verteilen und mit einer Gabel spiralförmig durch die Joghurtsahne ziehen. Restliche Orangensaftmasse in einem kleinen Topf beiseite stellen. Die beiseite gestellten Brösel auf der Füllung verteilen und leicht andrücken. Die Torte etwa 2 Stunden kalt stellen.

7 Zum Verzieren Sahne steif schlagen, auf der Tortenoberfläche verteilen und mit einem Teelöffel Vertiefungen eindrücken. Beiseite gestellte Orangensaftmasse evtl. nochmals unter Rühren leicht erwärmen, bis die Masse flüssig ist und über die Torte sprenkeln oder in die Vertiefungen geben. Den Rand der Torte nach Belieben mit Puderzucker bestäuben.

Tipp:
Die Tortenoberfläche kann auch mit Sahne aus dem Spritzbeutel mit Sterntülle verziert werden.
Die Orangensahne kann zusätzlich mit 2–3 Esslöffeln Cointreau verfeinert werden.

Kleiner-Feigling-Torte

Zubereitungszeit: 60 Min., ohne Kühlzeit
Backzeit: 15 Min. je Boden

Insgesamt:
E: 106 g, F: 367 g, Kh: 576 g, kJ: 28420, kcal: 6795

Für den Knetteig:
- **300 g Weizenmehl**
- **1 Msp. Backpulver**
- **75 g Zucker**
- **3 EL Kleiner Feigling (Wodka mit Feige)**
- **175 g Butter oder Margarine**

Für die Streusel:
- **100 g Weizenmehl**
- **50 g Zucker**
- **75 g Butter**

Für die Frischkäsecreme:
- **8 Blatt weiße Gelatine**
- **200 g Doppelrahm-Frischkäse**
- **500 g Naturjoghurt**
- **75 ml Kleiner Feigling**
- **60 g Zucker**
- **250 ml (1/4 l) Schlagsahne**

- **2 frische Feigen**

1 Für den Teig Mehl mit Backpulver mischen und in eine Rührschüssel sieben, restliche Zutaten hinzufügen und alles mit Handrührgerät mit Knethaken gut durcharbeiten. Anschließend auf der Arbeitsfläche zu einem glatten Teig verkneten. Teig dritteln und zu 3 Böden (Ø je 26 cm) ausrollen, auf mit Backpapier belegte Backbleche legen und mehrmals mit einer Gabel einstechen.

2 Für die Streusel alle Zutaten in eine Rührschüssel geben, mit Handrührgerät mit Rührbesen zu feinen Streuseln verarbeiten und auf den drei Böden verteilen. Backbleche nacheinander (bei Heißluft zusammen) in den Backofen schieben.

Ober-/Unterhitze:
etwa 200 °C (vorgeheizt)
Heißluft: etwa 180 °C (vorgeheizt)
Gas: Stufe 3–4 (vorgeheizt)
Backzeit: etwa 15 Min. je Boden

3 Böden auf den Backblechen auf Kuchenrosten erkalten lassen.

4 Für die Frischkäsecreme Gelatine nach Packungsanleitung einweichen. Frischkäse mit Joghurt, Kleiner Feigling und Zucker verrühren. Gelatine ausdrücken, auflösen, zunächst mit etwas von der Frischkäsemasse verrühren, dann unter die restliche Masse rühren.

5 Sobald die Masse beginnt dicklich zu werden, Sahne steif schlagen und unterheben. Creme portionsweise in einen Spritzbeutel mit großer Lochtülle füllen.

6 Einen Boden auf eine Tortenplatte legen. Gut die Hälfte der Masse in großen Tupfen darauf spritzen. Feigen schälen, eine davon in Würfel schneiden und darauf verteilen. Zweiten Boden darauf legen und leicht andrücken. Restliche Creme darauf spritzen.

7 Dritten Boden in Stücke brechen und dekorativ auf der Oberfläche verteilen. Zweite Feige halbieren, in Scheiben schneiden und auf die Tortenoberfläche legen. Torte 2–3 Stunden kalt stellen.

Tipp:
Vor dem Servieren die Torte nach Belieben mit Puderzucker bestäuben.
Die Torte schmeckt frisch zubereitet am besten.
Die Böden können gut vorbereitet werden.
Die Torte schmeckt auch mit anderen Frucht- und Alkoholsorten, z. B. mit Himbeeren und Himbeergeist oder mit Pflaumen und Pflaumenschnaps.

Aprikosen-Joghurt-Torte

Zubereitungszeit: 70 Min., ohne Auftau- und Kühlzeit
Backzeit: etwa 15 Min. je Backblech

Insgesamt:
E: 38 g, F: 166 g, Kh: 258 g, kJ: 11468, kcal: 2743

Für den Teig:
- **1 Pck. (300 g) TK-Blätterteig**

Für die Füllung:
- **1 Dose Aprikosen (Abtropfgewicht 240 g)**
- **6 Blatt weiße Gelatine**
- **300 g Naturjoghurt**
- **50 g Zucker**
- **1 Pck. Vanillin-Zucker**
- **5–6 EL Aprikosensaft**
- **2 EL Zitronensaft**
- **1 Pck. Saucenpulver Vanille-Geschmack, ohne Kochen**
- **250 ml (1/4 l) Schlagsahne**

Zum Bestäuben:
- **etwas Puderzucker**

1 Für den Teig Blätterteigplatten nebeneinander zugedeckt nach Packungsanleitung auftauen lassen. Die Platten aufeinander legen, zu einem Rechteck (25 x 45 cm) ausrollen und daraus zwei runde Platten (Ø je 22 cm) ausstechen.

2 Den restlichen Teig wieder übereinander legen (nicht verkneten), zu einer Platte (Ø 22 cm) ausrollen und diese in zwölf Stücke schneiden. Stücke und Platten auf mit kaltem Wasser besprenkelte Backbleche legen. Die Platten mehrmals mit einer Gabel einstechen und 30 Minuten ruhen lassen. Anschließend die Backbleche nacheinander (bei Heißluft zusammen) in den Backofen schieben.

Ober-/Unterhitze:
200–220 °C (vorgeheizt)
Heißluft: 180–200 °C (vorgeheizt)
Gas: etwa Stufe 4 (vorgeheizt)
Backzeit: etwa 15 Min. je Backblech

3 Böden und Stücke von den Backblechen nehmen und auf Kuchenrosten erkalten lassen.

4 Für die Füllung in der Zwischenzeit Aprikosen zum Abtropfen auf ein Sieb geben, etwas Saft dabei auffangen.

5 Gelatine nach Packungsanleitung einweichen. Joghurt mit Zucker, Vanillin-Zucker, Aprikosensaft und Zitronensaft gut verrühren.

6 Die eingeweichte Gelatine leicht ausdrücken, auflösen, unter etwas von der Joghurtmasse rühren, dann unter die restliche Joghurtmasse rühren und kalt stellen.

7 Aprikosen (drei Hälften zum Garnieren zurückbehalten) pürieren, mit Saucenpulver verrühren, die beiden erkalteten Böden damit bestreichen.

8 Wenn die Joghurtmasse anfängt dicklich zu werden, Sahne steif schlagen und unter die Joghurtmasse ziehen. Zwei Drittel davon in einen Spritzbeutel mit Sterntülle füllen und auf die Ränder der bestrichenen Böden spritzen. Die restliche Creme in die Mitte der Böden geben (etwas zum Garnieren zurückbehalten) und die Böden zu einer Torte zusammensetzen. Die Stücke fächerartig auf die Torte legen und mit Puderzucker bestäuben.

9 Die Torte mit der restlichen Creme aus dem Spritzbeutel und den zurückbehaltenen, in Spalten geschnittenen Aprikosenhälften garnieren.

Tipp:
Die Torte lässt sich am besten mit einem elektrischen Messer oder einem Sägemesser schneiden.

Erdbeer-Quark-Torte

Zubereitungszeit: 40 Min.
Backzeit: etwa 25 Min.

Insgesamt:
E: 81 g, F: 243 g, Kh: 310 g, kJ: 16457, kcal: 3931

Für den Rührteig:
- **100 g weiche Butter oder Margarine**
- **80 g Zucker**
- **1 Pck. Bourbon-Vanille-Zucker**
- **2 Eier (Größe M)**
- **80 g Weizenmehl**
- **2 gestr. TL Backpulver**
- **100 g abgezogene, gemahlene Mandeln**

Für den Belag:
- **200 ml Schlagsahne**
- **1 Pck. Sahnesteif**
- **1 Pck. Vanillin-Zucker**
- **50 ml Milch**
- **1 Pck. Quarkfein Erdbeer-Geschmack (Dessertpulver)**
- **250 g Sahnequark**

Zum Garnieren:
- **250 g Erdbeeren**
- **einige Blättchen Zitronenmelisse**

1 Für den Teig Butter oder Margarine mit Handrührgerät mit Rührbesen auf höchster Stufe geschmeidig rühren. Nach und nach Zucker und Bourbon-Vanille-Zucker unterrühren. So lange rühren, bis eine gebundene Masse entstanden ist.

2 Eier nach und nach unterrühren (jedes Ei etwa 1/2 Minute). Mehl mit Backpulver mischen, sieben und auf mittlerer Stufe unterrühren. Zuletzt die Mandeln unterrühren.

3 Teig in einer Springform (Ø 26 cm, Boden gefettet, mit Backpapier belegt) glatt streichen und die Form auf dem Rost in den Backofen schieben.

Ober-/Unterhitze:
etwa 180 °C (vorgeheizt)
Heißluft: etwa 160 °C (vorgeheizt)
Gas: Stufe 2–3 (vorgeheizt)
Backzeit: etwa 25 Min.

4 Nach dem Backen Boden aus der Form lösen und auf einem mit Backpapier belegten Kuchenrost erkalten lassen.

5 Für den Belag Backpapier vom Boden abziehen und Boden auf eine Tortenplatte legen. Sahne mit Sahnesteif und Vanillin-Zucker steif schlagen. Milch mit Quarkfein gut verrühren, Quark zugeben und glatt rühren. Zuletzt Sahne unterheben.

6 Quarkcreme in einen Spritzbeutel mit Lochtülle (Ø 10 mm) füllen und dicke Tuffs dicht an dicht auf den Boden spritzen.

7 Zum Garnieren Erdbeeren waschen, gut abtropfen lassen, entstielen, halbieren und dekorativ auf der Creme verteilen. Die Torte mit Zitronenmelisseblättchen garniert sofort servieren oder bis zum Verzehr kalt stellen.

Tipp:
Sie können den Sahnequark auch durch Quark mit 20 % Fett oder Magerquark ersetzen.

Philadelphia®-Torte

Zubereitungszeit: 40 Min., ohne Kühlzeit

Insgesamt:
E: 43 g, F: 140 g, Kh: 127 g, kJ: 8392, kcal: 2004

Für den Boden:

- **100 g Löffelbiskuits**
- **50 g Butter**

Für die Füllung:

- **1 Beutel aus 1 Pck. Götterspeise Zitrone-Geschmack**
- **300 ml Wasser**
- **65 g Zucker**
- **100 g Doppelrahm-Frischkäse**
- **1 EL Zitronensaft**
- **200 ml Schlagsahne**

1 Für den Boden Löffelbiskuits in einen Gefrierbeutel geben, den Beutel verschließen, die Löffelbiskuits mit einer Teigrolle zerdrücken und in eine Schüssel geben.

2 Butter zerlassen, zu den Löffelbiskuits geben und gut verrühren. Einen Springformrand (Ø 18 cm) oder einen Tortenring auf eine kleine Tortenplatte stellen.

3 Die Löffelbiskuitmasse gleichmäßig darin verteilen (1–2 Esslöffel davon zum Garnieren zurücklassen) und mit einem Löffel gut andrücken. Boden kalt stellen.

4 Für die Füllung Götterspeise mit den hier angegebenen Mengen Wasser und Zucker anrühren und 10 Minuten zum Quellen stehen lassen.

5 Die gequollene Götterspeise unter Rühren erhitzen, bis sie gelöst ist (nicht kochen lassen!). Ein Drittel der Götterspeise auf einen Suppenteller gießen und kalt stellen.

6 Frischkäse mit Zitronensaft verrühren, die restlichen zwei Drittel Götterspeise unterrühren und kalt stellen.

7 Sobald die Masse beginnt dicklich zu werden, Sahne steif schlagen und unterheben. Die Creme in die Form füllen und glatt streichen. Die Torte etwa 2 Stunden kalt stellen.

8 Die Torte mit Hilfe eines Messers vom Springformrand (Tortenring) lösen. Die Götterspeise auf dem Teller in Würfel schneiden und die Tortenoberfläche damit garnieren. Den Rand der Torte mit Hilfe eines Messers mit der zurückgelassenen Löffelbiskuitmasse garnieren.

Tipp:
Die Torte nach Belieben zusätzlich mit Melisseblättchen oder Erdbeeren garnieren.

Cornflakes-Beeren-Torte

Zubereitungszeit: 35 Min., ohne Kühlzeit

Insgesamt:
E: 67 g, F: 205 g, Kh: 301 g, kJ: 14431, kcal: 3451

Für den Boden:

- **100 g Cornflakes**
- **75 g Löffelbiskuits**
- **50 g abgezogene, gehobelte Mandeln**
- **125 g Butter**

Für den Belag:

- **8 Blatt weiße Gelatine**
- **500 g Naturjoghurt**
- **75 g Zucker**
- **50 ml Zitronensaft**
- **200 ml Schlagsahne**
- **250 g gemischte Beerenfrüchte (z. B. Himbeeren, Brombeeren und Heidelbeeren)**

Zum Garnieren:

- **150 g gemischte Beerenfrüchte**
- **30 g Cornflakes**
- **nach Belieben etwas Puderzucker**

1 Für den Boden Cornflakes in eine Rührschüssel geben und etwas zerdrücken. Löffelbiskuits in einen Gefrierbeutel geben, Beutel verschließen und mit einer Teigrolle zerdrücken. Brösel zusammen mit den Mandeln zu den Cornflakes geben. Butter zerlassen, etwas abkühlen lassen, hinzufügen und gut vermischen.

2 Die Masse in eine Springform (Ø 26 cm, Boden gefettet, mit Backpapier belegt) füllen, andrücken und kalt stellen.

3 Für den Belag Gelatine nach Packungsanleitung einweichen. Joghurt mit Zucker und Zitronensaft verrühren. Gelatine ausdrücken, auflösen, zunächst mit etwas von der Joghurtmasse verrühren, dann unter die restliche Joghurtmasse rühren.

4 Sobald die Masse beginnt dicklich zu werden, Sahne steif schlagen und unterheben. Beerenfrüchte verlesen und ebenfalls unterheben. Beerensahne auf den Cornflakesboden geben und glatt streichen. Die Torte etwa 2 Stunden kalt stellen.

5 Zum Garnieren Springformrand lösen und die Tortenoberfläche mit verlesenen Beeren und Cornflakes garnieren und nach Belieben mit etwas Puderzucker bestäuben.

Tipp:
Die Torte schmeckt auch mit Waldfruchtjoghurt.
Sie können auch nur eine Beerensorte verwenden, z. B. Himbeeren.
Der Mandelgeschmack wird intensiver, wenn die Mandeln kurz in einer Pfanne ohne Fett gebräunt werden.
Die Mandeln können auch durch Löffelbiskuitbrösel ersetzt werden.

Happy-Banana-Torte

Zubereitungszeit: 50 Min., ohne Kühlzeit
Backzeit: etwa 25 Min.

Insgesamt:
E: 102 g, F: 341 g, Kh: 568 g, kJ: 24730, kcal: 5910

Für den All-in-Teig:

- **200 g Weizenmehl**
- **3 gestr. TL Backpulver**
- **25 g Kakaopulver**
- **50 g fein gehackte, getrocknete Bananenchips oder gemahlene, nicht abgezogene Mandeln**
- **200 g Zucker**
- **1 Pck. Vanillin-Zucker**
- **4 Eier (Größe M)**
- **200 g Butter oder Margarine**

Für Füllung und Belag:

- **8 Blatt weiße Gelatine**
- **500 ml (1/2 l) Bananenmilch**
- **25 g Zucker**
- **1 Pck. Vanillin-Zucker**
- **400 ml Schlagsahne**

Zum Garnieren:

- **30 g Bananenchips oder gelbe Schaumzuckerbananen oder Geleebananen**
- **nach Belieben etwas gesiebtes Kakaopulver**

1 Für den Teig Mehl mit Backpulver und Kakaopulver mischen und in eine Rührschüssel sieben. Restliche Zutaten hinzufügen und alles mit Handrührgerät mit Rührbesen auf höchster Stufe in etwa 2 Minuten zu einem Teig verarbeiten.

2 Einen Backrahmen (26 x 26 cm) auf ein mit Backpapier belegtes Backblech stellen, den Teig einfüllen, glatt streichen und das Backblech in den Backofen schieben.

Ober-/Unterhitze:
etwa 180 °C (vorgeheizt)
Heißluft: etwa 160 °C (vorgeheizt)
Gas: Stufe 2–3 (vorgeheizt)
Backzeit: etwa 25 Min.

3 Den Boden mit dem Backblech auf einen Kuchenrost stellen und erkalten lassen.

4 Für Füllung und Belag Gelatine nach Packungsanleitung einweichen. Bananenmilch mit Zucker und Vanillin-Zucker in einer Schüssel verrühren. Gelatine ausdrücken, auflösen, mit etwas von der Bananenmilch verrühren, dann unter die restliche Bananenmilch rühren. Sobald die Masse beginnt dicklich zu werden, Sahne steif schlagen und unterheben.

5 Tortenboden aus dem Backrahmen lösen, einmal waagerecht durchschneiden, dann noch einmal diagonal durchschneiden, so dass 4 Dreiecke entstehen. Die beiden oberen Dreiecke auf einer Tortenplatte zu einem großen Dreieck zusammenlegen.

6 Die Hälfte der Bananencreme auf das große Dreieck streichen (dabei am Rand nicht glatt streichen), die beiden restlichen Dreiecke darauf legen und leicht andrücken. Restliche Bananencreme wellenförmig darauf streichen. Die Torte 1–2 Stunden kalt stellen.

7 Die Torte mit Bananenchips oder Schaumzuckerbananen oder Geleebananen garnieren. Den Rand vor dem Servieren nach Belieben mit Kakaopulver bestäuben.

Tipp:
Die Torte kann am Vortag zubereitet werden.
Sie schmeckt auch mit anderen Sorten Fruchtmilch, dann die entsprechende Fruchtgarnierung verwenden.
Die Torte ist ohne Garnierung gefriergeeignet.

Erfrischungsstäbchen-Torte

Zubereitungszeit: 50 Min., ohne Kühlzeit
Backzeit: etwa 15 Min.

Insgesamt:
E: 140 g, F: 272 g, Kh: 550 g, kJ: 23077, kcal: 5514

Zum Vorbereiten:

- **1 Pck. (75 g) Erfrischungsstäbchen mit Zitronen- und Orangengeschmack**

Für den Schüttelteig:

- **150 g Weizenmehl**
- **30 g Kakaopulver**
- **3 gestr. TL Backpulver**
- **150 g Zucker**
- **3 Eier (Größe M)**
- **100 g zerlassene, abgekühlte Butter oder Margarine**

Für Füllung und Belag:

- **4 Blatt weiße Gelatine**
- **250 g Zitronenjoghurt**
- **500 g Magerquark**
- **50 g Zucker**
- **200 ml Schlagsahne**
- **2 Pck. (je 75 g) Erfrischungsstäbchen mit Zitronen- und Orangengeschmack**

Zum Verzieren und Garnieren:

- **250 ml (1/4 l) Schlagsahne**
- **1/2 Zitrone**
- **einige Mandarinenfilets**

1 Zum Vorbereiten Erfrischungsstäbchen fein hacken.

2 Für den Teig Mehl mit Kakao und Backpulver mischen und in eine verschließbare Schüssel (3 l) sieben, restliche Zutaten und gehackte Erfrischungsstäbchen hinzufügen. Schüssel mit einem Deckel fest verschließen und mehrmals kräftig schütteln, so dass alle Zutaten gut vermischt sind.

3 Alles mit einem Schneebesen oder Rührlöffel nochmals sorgfältig durchrühren, damit trockene Zutaten vom Rand mit untergerührt werden. Teig auf ein mit Backpapier belegtes Backblech (30 x 40 cm) geben und glatt streichen. Das Backblech in den Backofen schieben.

Ober-/Unterhitze:
etwa 180 °C (vorgeheizt)
Heißluft: etwa 160 °C (vorgeheizt)
Gas: Stufe 2–3 (vorgeheizt)
Backzeit: etwa 15 Min.

4 Gebäckplatte auf die Arbeitsfläche stürzen, mitgebackenes Papier abziehen und die Gebäckplatte erkalten lassen.

5 Für Füllung und Belag Gelatine nach Packungsanleitung einweichen. Joghurt mit Quark und Zucker verrühren. Gelatine ausdrücken, auflösen, zunächst mit etwas von der Joghurt-Quark-Masse verrühren, dann unter die restliche Masse rühren. Sobald die Masse beginnt dicklich zu werden, Sahne steif schlagen und unterheben. Erfrischungsstäbchen (einige zum Garnieren beiseite legen) fein hacken und ebenfalls unterheben.

6 Gebäckplatte halbieren, so dass zwei Rechtecke (20 x 30 cm) entstehen. Einen Boden auf eine Tortenplatte legen und einen Backrahmen darumstellen. Gut die Hälfte der Creme auf den Boden streichen, zweiten Boden darauf legen und leicht andrücken. Restliche Creme auf der Oberfläche glatt streichen und die Torte 1–2 Stunden kalt stellen.

7 Zum Verzieren und Garnieren Backrahmen lösen. Sahne steif schlagen, in einen Spritzbeutel mit Sterntülle füllen und Tuffs auf die Oberfläche spritzen. Restliche Sahne dünn am Rand verstreichen. Zitronenhälfte mit einem Messer schälen, so dass auch die weiße Haut mit entfernt wird, in dünne Scheiben schneiden, vierteln und mit Mandarinenfilets und den zurückgelassenen Erfrischungsstäbchen dekorativ auf die Tuffs legen.

Grosses Zitronenkissen

Zubereitungszeit: 40 Min., ohne Auftau-, Ruhe- und Kühlzeit
Backzeit: etwa 15 Min.

Insgesamt:
E: 56 g, F: 225 g, Kh: 275 g, kJ: 14211, kcal: 3397

Für den Boden:
- **350 g (8 Platten) TK-Blätterteig**
- **2 EL Wasser**
- **30 g Zucker**

Für die Füllung:
- **8 Blatt weiße Gelatine**
- **500 ml (1/2 l) Zitronen-Buttermilch**
- **30 g Zucker**
- **400 ml Schlagsahne**

Zum Verzieren und Garnieren:
- **einige Papierstreifen**
- **etwas Puderzucker**
- **einige Gelee-Zitronenscheiben (Süßwarenfachgeschäft)**
- **etwas Zitronenmelisse**

1 Für den Boden Blätterteig nach Packungsanleitung auftauen lassen. Die Platten übereinander legen und zu einem Quadrat (30 x 30 cm) ausrollen. Teigplatte auf ein mit Backpapier belegtes Backblech legen, mehrmals mit einer Gabel einstechen, mit Wasser bestreichen und mit Zucker bestreuen. Den Teig 30 Minuten ruhen lassen.

2 Anschließend das Backblech in den Backofen schieben.

Ober-/Unterhitze:
etwa 220 °C (vorgeheizt)
Heißluft: etwa 200 °C (vorgeheizt)
Gas: Stufe 4–5 (vorgeheizt)
Backzeit: etwa 15 Min.

3 Die Gebäckplatte mit dem Backpapier vom Backblech ziehen und auf einem Kuchenrost erkalten lassen. Anschließend die Platte einmal waagerecht durchschneiden und den unteren Boden auf eine große Tortenplatte legen.

4 Für die Füllung Gelatine nach Packungsanleitung einweichen. Buttermilch mit Zucker in einer Schüssel verrühren. Gelatine ausdrücken, auflösen, mit etwas von der Buttermilch verrühren, dann unter die restliche Buttermilch rühren. Sobald die Masse beginnt dicklich zu werden, Sahne steif schlagen und unterheben.

5 Creme auf dem unteren Boden verstreichen, den oberen Boden auflegen und die Torte mindestens 1 Stunde kalt stellen.

6 Zum Verzieren und Garnieren vor dem Servieren etwa 1 cm breite Papierstreifen auf die Oberfläche legen und die Torte mit Puderzucker bestäuben, Papierstreifen abheben und die Torte mit Gelee-Zitronenscheiben und Zitronenmelisse garnieren.

Tipp:
Die Torte lässt sich am besten mit einem elektrischen Messer oder Sägemesser schneiden.
Besonders gut schmeckt sie frisch, die Böden können aber am Vortag gebacken werden.
Es können aus Papier auch Zitronenschablonen statt Papierstreifen geschnitten werden.
Anstelle eines großen Kissens können auch kleine Kissen zubereitet werden, dafür die Blätterteigscheiben nicht ausrollen und so backen.

Kirsch-Limetten-Rolle

Zubereitungszeit: 45 Min.
Backzeit: etwa 8 Min.

Insgesamt:
E: 52 g, F: 103 g, Kh: 359 g, kJ: 11177, kcal: 2670

Für den Biskuitteig:

- **2 Eier (Größe M)**
- **3 EL heißes Wasser**
- **100 g Zucker**
- **1 Pck. Vanillin-Zucker**
- **75 g Weizenmehl**
- **25 g Speisestärke**
- **1 gestr. TL Backpulver**

Für die Füllung:

- **1 Glas Sauerkirschen (Abtropfgewicht 370 g)**
- **6 Blatt weiße Gelatine**
- **2 Limetten (unbehandelt)**
- **50 g Zucker**
- **300 g Dickmilch**
- **250 ml (1/4 l) Schlagsahne**

Zum Verzieren:

- **1–2 EL Johannisbeer- oder Kirschgelee**

1 Für den Teig Eier und Wasser mit Handrührgerät mit Rührbesen auf höchster Stufe in 1 Minute schaumig schlagen. Zucker und Vanillin-Zucker mischen, in 1 Minute einstreuen, dann noch 2 Minuten weiterschlagen.

2 Mehl mit Speisestärke und Backpulver mischen, auf die Eiercreme sieben und kurz auf niedrigster Stufe unterrühren. Den Teig auf ein Backblech (30 x 40 cm, gefettet, mit Backpapier belegt) streichen und das Backblech in den Backofen schieben.

Ober-/Unterhitze:
etwa 200 °C (vorgeheizt)
Heißluft: etwa 180 °C (vorgeheizt)
Gas: Stufe 3–4 (vorgeheizt)
Backzeit: etwa 8 Min.

3 Die Biskuitplatte sofort nach dem Backen auf ein Backpapier stürzen, das mitgebackene Backpapier mit kaltem Wasser bestreichen und vorsichtig, aber schnell abziehen. Die Biskuitplatte mit dem Backpapier aufrollen und erkalten lassen.

4 Für die Füllung Kirschen auf einem Sieb gut abtropfen lassen. Gelatine nach Packungsanleitung einweichen.

5 Von einer der Limetten die Schale fein abreiben, von der anderen Limette die Schale mit einem Zestenreißer in feinen Streifen abschaben und die Streifen zum Garnieren beiseite legen. Den Saft der Limetten auspressen und mit der fein abgeriebenen Limettenschale und dem Zucker unter die Dickmilch rühren.

6 Gelatine leicht ausdrücken und auflösen. Aufgelöste Gelatine zunächst mit etwas von der Dickmilchmasse verrühren, dann unter die restliche Dickmilchmasse rühren. Sobald die Masse beginnt dicklich zu werden, Sahne steif schlagen und unterheben.

7 Biskuitplatte auseinander rollen, Backpapier entfernen und zwei Drittel der Dickmilchcreme gleichmäßig auf der Platte verstreichen. Die Kirschen auf der Creme verteilen, dabei den Rand frei lassen. Die Biskuitplatte von der breiten Seite aus aufrollen. Mit der restlichen Dickmilchcreme die Rolle vollständig dünn bestreichen.

8 Zum Verzieren Gelee glatt rühren und sofort in kleinen Tupfen auf der Rolle verteilen und mit einem Holzstäbchen das Gelee sternförmig nach außen wegziehen. Die Rolle mit Limettenstreifen garnieren und etwa 2 Stunden kalt stellen.

Lachende Multivitamine

Zubereitungszeit: 40 Min., ohne Kühlzeit
Backzeit: etwa 20 Min.

Insgesamt:
E: 96 g, F: 260 g, Kh: 599 g, kJ: 22085, kcal: 5276

Für den Schüttelteig:

- **200 g Weizenmehl**
- **3 gestr. TL Backpulver**
- **125 g Zucker**
- **1 Pck. Vanillin-Zucker**
- **3 Eier (Größe M)**
- **100 g zerlassene, abgekühlte Butter**
- **100 ml Multivitamin-Buttermilch**

Zum Bestreuen:

- **50 g abgezogene, gehobelte Mandeln**

Für die Creme:

- **3 Pck. Pudding-Pulver Vanille-Geschmack**
- **900 ml Multivitamin-Buttermilch**
- **30 g Zucker**
- **300 ml Schlagsahne**

Zum Verzieren und Garnieren:

- **100 ml Schlagsahne**
- **einige nimm2 Lachgummis (orange und gelb)**
- **etwas Puderzucker**

1 Für den Teig Mehl und Backpulver mischen und in eine verschließbare Schüssel (3 l) sieben. Restliche Zutaten hinzufügen, Schüssel mit einem Deckel fest verschließen und mehrmals kräftig schütteln, so dass alle Zutaten gut vermischt sind. Alles mit einem Schneebesen oder Rührlöffel nochmals sorgfältig durchrühren, damit trockene Zutaten vom Rand mit untergerührt werden.

2 Einen Backrahmen (26 x 26 cm) auf ein mit Backpapier belegtes Backblech stellen, Teig einfüllen und glatt streichen. Den Teig mit Mandeln bestreuen und das Backblech in den Backofen schieben.

Ober-/Unterhitze:
etwa 200 °C (vorgeheizt)
Heißluft: etwa 180 °C (vorgeheizt)
Gas: Stufe 3–4 (vorgeheizt)
Backzeit: etwa 20 Min.

3 Boden aus dem Backrahmen lösen und erkalten lassen. Anschließend den Boden einmal waagerecht durchschneiden. Den unteren Boden auf eine große Tortenplatte legen und den Backrahmen wieder darumstellen.

4 Für die Creme Pudding-Pulver mit etwas von der Buttermilch anrühren. Restliche Buttermilch mit Zucker unter ständigem Rühren zum Kochen bringen, angerührtes Pudding-Pulver unter Rühren hinzufügen und kurz aufkochen lassen. Creme sofort gleichmäßig auf dem unteren Boden verstreichen, dabei 4–5 Esslöffel davon abnehmen und beiseite stellen.

5 Sobald die Creme erkaltet ist, Sahne steif schlagen, auf die Creme streichen und den oberen Boden darauf legen. Torte kalt stellen.

6 Zum Verzieren und Garnieren Torte aus dem Backrahmen lösen. Sahne steif schlagen, mit der zurückgestellten Creme verrühren und in einen Spritzbeutel mit kleiner Lochtülle füllen. Mit der Creme mehrere Kreise aufspritzen und Lachmund und Augen in die Kreise spritzen. Die Gesichter mit den Lachgummis belegen. Die Torte rundherum mit etwas Puderzucker bestäuben.

Tipp:
Die Torte kann gut am Vortag zubereitet werden.
Sie schmeckt auch mit anderen Buttermilchsorten.

Aprikosenwellen

Zubereitungszeit: 50 Min.
Backzeit: etwa 25 Min.

Insgesamt:
E: 80 g, F: 329 g, Kh: 526 g, kJ: 23405, kcal: 5590

Für den Knetteig:

- **300 g Weizenmehl**
- **1 gestr. TL Backpulver**
- **100 g Zucker**
- **1 Pck. Vanillin-Zucker**
- **4 Tropfen Butter-Vanille-Aroma**
- **1 Ei (Größe M)**
- **175 g Butter oder Margarine**

Für den Brandteig:

- **125 ml (1/8 l) Wasser**
- **25 g Butter oder Margarine**
- **75 g Weizenmehl**
- **15 g Speisestärke**
- **2–3 Eier (Größe M)**
- **1 Msp. Backpulver**

Für den Belag:

- **250 g Aprikosen**
- **1 Pck. Paradiescreme Pfirsich-Geschmack**
- **400 ml Schlagsahne**
- **25 g Zartbitterschokolade**

1 Für den Knetteig Mehl mit Backpulver mischen und in eine Rührschüssel sieben. Restliche Zutaten hinzufügen und mit Handrührgerät mit Knethaken zunächst kurz auf niedrigster, dann auf höchster Stufe gut durcharbeiten. Anschließend auf der bemehlten Arbeitsfläche zu einem glatten Teig verkneten. Sollte er kleben, ihn eine Zeit lang kalt stellen.

2 Teig auf einem Backblech (30 x 40 cm, gefettet, mit Backpapier belegt) ausrollen.

3 Für den Brandteig Wasser mit Butter oder Margarine am besten in einem Stieltopf zum Kochen bringen. Mehl mit Speisestärke mischen, sieben, auf einmal in die von der Kochstelle genommene Flüssigkeit schütten, zu einem glatten Kloß rühren und unter Rühren etwa 1 Minute erhitzen.

4 Den heißen Kloß sofort in eine Rührschüssel geben und nach und nach Eier mit Handrührgerät mit Knethaken auf höchster Stufe unterarbeiten. Die Eiermenge hängt von der Beschaffenheit des Teiges ab, er muss stark glänzen und so von einem Löffel abreißen, dass lange Spitzen hängen bleiben.

5 Backpulver in den erkalteten Teig arbeiten. Teig in einen Spritzbeutel mit Sterntülle (Ø 8 mm) füllen, der Länge nach wellenförmige Streifen in gleichmäßigem Abstand auf den Knetteig spritzen und das Backblech in den Backofen schieben.

Ober-/Unterhitze:
etwa 200 °C (vorgeheizt)
Heißluft: etwa 180 °C (vorgeheizt)
Gas: Stufe 3–4 (vorgeheizt)
Backzeit: etwa 25 Min.

6 Nach dem Backen das Gebäck auf dem Backblech auf einem Kuchenrost erkalten lassen.

7 Für den Belag Aprikosen waschen, abtrocknen, halbieren, entsteinen und in dünne Spalten schneiden. Paradiescreme nach Packungsanleitung, aber mit 400 ml Sahne statt Milch aufschlagen, Creme in einen Spritzbeutel mit Lochtülle (Ø 10 mm) füllen, zwischen die Brandteigwellen spritzen und mit Aprikosenspalten belegen.

8 Schokolade in einem kleinen Topf im Wasserbad bei schwacher Hitze zu einer geschmeidigen Masse verrühren, in ein kleines Papierspritztütchen oder einen kleinen Gefrierbeutel füllen, Ecke abschneiden und über den Kuchen sprenkeln. Kuchen bis zum Servieren kalt stellen.

Apfelmolke-Torte

Zubereitungszeit: 50 Min.
Backzeit: etwa 15 Min.

Insgesamt:
E: 72 g, F: 304 g, Kh: 522 g, kJ: 22095, kcal: 5275

Für den Knetteig:
- **300 g Weizenmehl**
- **1 Msp. Backpulver**
- **75 g Zucker**
- **3 EL Apfelsaft**
- **175 g Butter oder Margarine**
- **100 g gehobelte Haselnusskerne**

Zum Bestreuen:
- **50 g gehobelte Haselnusskerne**
- **25 g Zucker**

Für die Apfelcreme:
- **4 Blatt weiße Gelatine**
- **300 g Äpfel**
- **500 ml (1/2 l) Apfelmolke**
- **1 Pck. Pudding-Pulver Vanille-Geschmack**
- **25 g Zucker**

Für den Belag:
- **200 ml Schlagsahne**
- **1 Pck. Bourbon-Vanille-Zucker**

- **etwas Puderzucker**

1 Für den Teig Mehl mit Backpulver mischen und in eine Rührschüssel sieben, restliche Zutaten hinzufügen und alles mit Handrührgerät mit Knethaken zunächst kurz auf niedrigster, dann auf höchster Stufe gut durcharbeiten. Anschließend auf der leicht bemehlten Arbeitsfläche zu einem glatten Teig verkneten. Teig auf einem Backblech (30 x 40 cm, gefettet, mit Backpapier belegt) ausrollen und mehrmals mit einer Gabel einstechen.

2 Teig so in der Mitte durchschneiden, dass 2 Rechtecke je 20 x 30 cm entstehen. Ein Rechteck in 10 lange, spitze Dreiecke schneiden. Die Hälfte der Dreiecke mit Haselnusskernen bestreuen, die restlichen mit Zucker bestreuen. Das Backblech in den Backofen schieben.

Ober-/Unterhitze:
etwa 200 °C (vorgeheizt)
Heißluft: etwa 180 °C (vorgeheizt)
Gas: Stufe 3–4 (vorgeheizt)
Backzeit: etwa 15 Min.

3 Gebäck sofort nach dem Backen noch einmal nachschneiden und auf dem Backblech erkalten lassen.

4 Für die Apfelcreme Gelatine nach Packungsanleitung einweichen. Äpfel schälen, vierteln, entkernen und in sehr kleine Stücke schneiden. Aus Molke, Pudding-Pulver und Zucker nach Packungsanleitung einen Pudding kochen, Gelatine ausdrücken und in dem heißen Pudding unter Rühren auflösen. Apfelstücke ebenfalls unterrühren.

5 Pudding unter gelegentlichem Rühren erkalten lassen. Knetteigboden auf eine Tortenplatte legen und Pudding darauf streichen.

6 Für den Belag Sahne mit Vanille-Zucker steif schlagen und auf die Apfel-Pudding-Masse streichen. Dreiecke ohne Haselnusskerne mit Puderzucker bestäuben und abwechselnd mit den Nussdreiecken auf die Oberfläche legen. Torte bis zum Servieren kalt stellen.

Tipps:
Das Gebäck kann am Vortag zubereitet werden.
Die Böden können schon einige Tage vor Verzehr gebacken werden.
Die Torte schmeckt auch mit anderen Molkesorten.
Statt der Haselnusskerne können auch Mandeln verwendet werden.

Spiegeleier-Joghurt-Schnitten

Zubereitungszeit: 50 Min., ohne Kühlzeit
Backzeit: etwa 20 Min.

Insgesamt:
E: 104 g, F: 391 g, Kh: 739 g, kJ: 29683, kcal: 7095

Für den Rührteig:

- **200 g weiche Butter oder Margarine**
- **200 g Zucker**
- **1 Pck. Vanillin-Zucker**
- **1 Prise Salz**
- **3 Eier (Größe M)**
- **200 g Weizenmehl**
- **3 gestr. TL Backpulver**

Zum Bestreichen:

- **2–3 EL Aprikosenkonfitüre**

Für den Belag:

- **8 Blatt weiße Gelatine**
- **500 g Naturjoghurt**
- **300 g saure Sahne**
- **100 g gesiebter Puderzucker**
- **1 Pck. Finesse Geriebene Zitronenschale**
- **500 ml (1/2 l) Schlagsahne**
- **2 kleine Dosen Aprikosen (Abtropfgewicht je 240 g)**

Für den Guss:

- **2 Pck. Tortenguss, klar**
- **500 ml (1/2 l) Aprikosensaft**
- **20 g Zucker**

1 Für den Teig Butter oder Margarine mit Handrührgerät mit Rührbesen auf höchster Stufe geschmeidig rühren. Nach und nach Zucker, Vanillin-Zucker und Salz unterrühren. So lange rühren, bis eine gebundene Masse entstanden ist.

2 Eier nach und nach unterrühren (jedes Ei etwa 1/2 Minute). Mehl mit Backpulver mischen, sieben und portionsweise auf mittlerer Stufe unterrühren.

3 Teig auf ein Backblech (30 x 40 cm, gefettet, mit Backpapier belegt) streichen und das Backblech in den Backofen schieben.

Ober-/Unterhitze:
etwa 180 °C (vorgeheizt)
Heißluft: etwa 160 °C (vorgeheizt)
Gas: Stufe 2–3 (vorgeheizt)
Backzeit: etwa 20 Min.

4 Das Backblech nach dem Backen auf einen Kuchenrost stellen und das Gebäck etwas abkühlen lassen.

5 Einen Backrahmen um den Boden stellen und den Boden mit Aprikosenkonfitüre bestreichen.

6 Für den Belag Gelatine nach Packungsanleitung einweichen. Joghurt mit saurer Sahne, Puderzucker und Zitronenschale verrühren. Gelatine ausdrücken, auflösen, mit etwas von der Joghurtmasse verrühren und dann unter die restliche Joghurtmasse rühren.

7 Wenn die Masse anfängt dicklich zu werden, Sahne steif schlagen und unterheben. Belag auf dem Boden verstreichen und den Kuchen 1–2 Stunden kalt stellen.

8 Aprikosen auf einem Sieb abtropfen lassen, den Saft dabei auffangen und mit Wasser auf 500 ml (1/2 l) auffüllen. Die Aprikosen auf der Creme verteilen.

9 Den Guss nach Packungsanleitung aus Tortengusspulver, Saft und Zucker zubereiten, vorsichtig über den Aprikosen verteilen und den Kuchen bis zum Servieren kalt stellen. Anschließend den Backrahmen vorsichtig lösen und entfernen.

Crème fraîche-Obstschnitten

auch Titelfoto
Zubereitungszeit: 50 Min.
Backzeit: etwa 20 Min.

Insgesamt:
E: 92 g, F: 458 g, Kh: 642 g,
kJ: 30520, kcal: 7293

Für den Schüttelteig:

- **300 g Weizenmehl**
- **3 gestr. TL Backpulver**
- **200 g Zucker**
- **1 Pck. Vanillin-Zucker**
- **1 Pck. Finesse Orangenfrucht**
- **4 Eier (Größe M)**
- **150 ml Speiseöl**
- **150 ml Mineralwasser**

Zum Bestreichen:

- **600 ml Schlagsahne**
- **3 Pck. Sahnesteif**
- **50 g Zucker**
- **2 Becher (je 150 g) Crème fraîche**

Für den Belag:

- **250 g frische Erdbeeren**
- **250 g frische Himbeeren**
- **150 g frische Heidelbeeren**
- **150 g rote Johannisbeeren**

1 Für den Teig Mehl mit Backpulver mischen, in eine verschließbare Schüssel (etwa 3 l) sieben und mit Zucker, Vanillin-Zucker und Orangenfrucht mischen. Eier, Speiseöl und Mineralwasser hinzufügen. Die Schüssel mit dem Deckel fest verschließen und mehrmals kräftig schütteln, so dass alle Zutaten gut vermischt sind. Alles mit einem Schneebesen oder Rührlöffel nochmals sorgfältig durchrühren, damit trockene Zutaten vom Rand mit untergerührt werden.

2 Den Teig auf ein Backblech (30 x 40 cm, gefettet) geben und glatt streichen. Das Backblech in den Backofen schieben.

Ober-/Unterhitze:
etwa 180 °C (vorgeheizt)
Heißluft: etwa 160 °C (vorgeheizt)
Gas: Stufe 2–3 (vorgeheizt)
Backzeit: etwa 20 Min.

3 Das Backblech auf einen Kuchenrost stellen und den Kuchen erkalten lassen.

4 Zum Bestreichen Sahne mit Sahnesteif und Zucker steif schlagen. Crème fraîche unterrühren. Die Sahne-Crème fraîche-Masse auf den Gebäckboden geben und mit einem Esslöffel wellenartig verteilen.

5 Erdbeeren, Himbeeren, Heidelbeeren und Johannisbeeren waschen, abtropfen lassen und entstielen oder verlesen. Die Früchte auf der Sahne-Crème fraîche-Masse verteilen. Die Torte kalt stellen und kurz vor dem Servieren mit etwas Puderzucker bestäuben.

Tipp:
Sie können 1 Becher Crème fraîche durch die gleiche Menge Joghurt ersetzen.

Johannisbeer-Türmchen

Zubereitungszeit: 70 Min., ohne Kühlzeit
Backzeit: etwa 8 Min.

Insgesamt:
E: 63 g, F: 152 g, Kh: 344 g, kJ: 12899, kcal: 3082

Für den Biskuitteig:

- **3 Eier (Größe M)**
- **100 g Zucker**
- **1 Pck. Vanillin-Zucker**
- **100 g Weizenmehl**
- **1 gestr. TL Backpulver**

Für die Füllung:

- **200 g Johannisbeeren**
- **150 g Naturjoghurt**
- **100 g Zucker**
- **1 Pck. Vanillin-Zucker**
- **1 Pck. Finesse Geriebene Zitronenschale**
- **6 Blatt weiße Gelatine**
- **400 ml Schlagsahne**

Zum Garnieren:

- **20 g gesiebter Puderzucker**
- **einige Johannisbeerrispen**
- **etwas Zitronenmelisse**

1 Für den Teig Eier mit Handrührgerät mit Rührbesen auf höchster Stufe in 1 Minute schaumig schlagen. Zucker und Vanillin-Zucker mischen, in 1 Minute einstreuen, dann noch 2 Minuten weiterschlagen.

2 Mehl mit Backpulver mischen, die Hälfte davon auf die Eiercreme sieben und kurz auf niedrigster Stufe unterrühren. Den Rest des Mehlgemisches auf die gleiche Weise unterarbeiten.

3 Den Teig auf ein Backblech (30 x 40 cm, gefettet, mit Backpapier belegt, an der offenen Seite das Backpapier zu einer Randfalte knicken) geben, glatt streichen und das Backblech in den Backofen schieben.

Ober-/Unterhitze:
etwa 180 °C (vorgeheizt)
Heißluft: etwa 160 °C (vorgeheizt)
Gas: Stufe 2–3 (vorgeheizt)
Backzeit: etwa 8 Min.

4 Biskuitplatte nach dem Backen auf die Arbeitsfläche stürzen, mitgebackenes Backpapier nicht abziehen und Gebäck erkalten lassen.

5 Backpapier von der Biskuitplatte abziehen und mit Dessertringen (Ø 7–8 cm) 18 Kreise ausstechen. Kreise von der Arbeitsfläche lösen und evtl. die restliche Gebäckhaut entfernen.

6 Gebäckreste zerbröseln, in einer beschichteten Pfanne ohne Fett goldbraun rösten und erkalten lassen.

7 Für die Füllung Johannisbeeren waschen, gut abtropfen lassen und mit einer Gabel von den Rispen streifen. Joghurt mit Zucker, Vanillin-Zucker und Zitronenschale verrühren. Gelatine nach Packungsanleitung einweichen und auflösen. Zunächst 2–3 Esslöffel der Joghurtmasse mit der Gelatine verrühren, dann die Mischung mit der übrigen Masse verrühren. Wenn die Creme beginnt dicklich zu werden, Sahne steif schlagen und mit den Johannisbeeren unterheben.

8 6 Biskuitkreise als Boden in jeweils einen Dessertring legen, gut 1 Esslöffel der Creme auf jedem Boden verteilen, einen weiteren Biskuitkreis auflegen und leicht andrücken. Übrige Creme randvoll in die Dessertringe verteilen und mit den restlichen Biskuitkreisen bedecken. Gefüllte Dessertringe etwa 2 Stunden kalt stellen.

9 Zum Garnieren Türmchen vorsichtig nach unten aus den Dessertringen herausdrücken und die Gebäckbrösel mit Hilfe einer Teigkarte an die Ränder drücken. Türmchen mit Puderzucker bestäuben und mit Johannisbeerrispen und Zitronenmelisse garnieren.

Milchreisschnitten mit Brombeeren

Zubereitungszeit: 50 Min.
Backzeit: etwa 20 Min.

Insgesamt:
E: 108 g, F: 452 g, Kh: 634 g, kJ: 30566, kcal: 7301

Für den Rührteig:

- **200 g weiche Butter oder Margarine**
- **200 g Zucker**
- **1 Pck. Bourbon-Vanille-Zucker**
- **4 Eier (Größe M)**
- **250 g Weizenmehl**
- **3 gestr. TL Backpulver**

Für den Belag:

- **1 Pck. Milchreis nach klassischer Art**
- **300 ml Milch**
- **600 ml Schlagsahne**
- **2 Pck. Vanillin-Zucker**
- **2 Pck. Sahnesteif**

Zum Garnieren:

- **100 g weiße Schokolade**
- **50 g abgezogene, gehobelte Mandeln**
- **500 g Brombeeren**

1 Für den Teig Butter oder Margarine mit Handrührgerät mit Rührbesen auf höchster Stufe geschmeidig rühren. Nach und nach Zucker und Vanillin-Zucker unterrühren. So lange rühren, bis eine gebundene Masse entstanden ist.

2 Eier nach und nach unterrühren (jedes Ei etwa ½ Minute). Mehl mit Backpulver mischen, sieben und portionsweise auf mittlerer Stufe unterrühren.

3 Teig auf einem Backblech (30 x 40 cm, gefettet, mit Backpapier belegt) glatt streichen. Das Backpapier an der offenen Seite des Backblechs zu einer Randfalte knicken. Das Backblech in den Backofen schieben.

Ober-/Unterhitze: etwa 180 °C (vorgeheizt)
Heißluft: etwa 160 °C (vorgeheizt)
Gas: Stufe 2–3 (vorgeheizt)
Backzeit: etwa 20 Min.

4 Nach dem Backen den Boden am Rand lösen, mit dem Backpapier auf einen Kuchenrost ziehen und erkalten lassen. Anschließend Boden in 20 gleich große Stücke (zunächst in vier Streifen, dann jeden Streifen in 5 Stücke) schneiden.

5 Für den Belag Milchreis nach Packungsanleitung, aber nur mit 300 ml Milch zubereiten, in eine große Schüssel geben, erkalten lassen und dabei gelegentlich umrühren.

6 Sahne mit Vanillin-Zucker und Sahnesteif steif schlagen. Ein Drittel davon mit dem kalten Milchreis verrühren, übrige Sahne vorsichtig unterheben.

7 Creme in Spritzbeutel mit großer Lochtülle (Ø 14 mm) füllen und in dichten Streifen auf die einzelnen Gebäckstücke spritzen.

8 Zum Garnieren Schokolade in kleine Stücke brechen, in einem kleinen Topf im Wasserbad bei schwacher Hitze zu einer geschmeidigen Masse verrühren und auf einem Stück Backpapier (30 x 40 cm) gleichmäßig ausstreichen. Mandeln aufstreuen und fest werden lassen.

9 Brombeeren verlesen, waschen, gut abtropfen lassen und auf den Gebäckstücken verteilen.

10 Schoko-Mandel-Platte in Stücke brechen und das Gebäck damit garnieren.

Birnentörtchen

Zubereitungszeit: 20 Min., ohne Kühlzeit
Backzeit: etwa 20 Min.

Insgesamt:
E: 22 g, F: 88 g, Kh: 193 g, kJ: 7117, kcal: 1702

Für den Knetteig:

- **75 g Weizenmehl**
- **75 g Zucker**
- **1 Eigelb (Größe M)**
- **50 g Butter oder Margarine**

Für den Belag:

- **250 ml (1/4 l) Wasser**
- **Saft und Schale von 1/2 Zitrone (unbehandelt)**
- **Saft und Schale von 1/2 Orange (unbehandelt)**
- **50 g Zucker**
- **1/2 Zimtstange**
- **2 kleine reife Birnen**

- **200 g Hülsenfrüchte zum Blindbacken**

Für die Creme:

- **100 g Naturjoghurt**
- **100 g Crème fraîche oder Mascarpone (italienischer Frischkäse)**
- **1 EL flüssiger Honig**
- **1 Pck. Bourbon-Vanille-Zucker**
- **1 EL abgezogene, gehobelte, geröstete Mandeln**

1 Für den Teig Mehl in eine Rührschüssel sieben. Zucker, Eigelb und Butter oder Margarine hinzufügen. Die Zutaten mit Handrührgerät mit Knethaken zunächst kurz auf niedrigster, dann auf höchster Stufe gut durcharbeiten.

2 Anschließend auf der leicht bemehlten Arbeitsfläche zu einem glatten Teig verkneten und ihn etwa 1 Stunde kalt stellen.

3 Für den Belag Wasser aufkochen, Saft und Schale von Zitrone und Orange, Zucker und Zimtstange zugeben. Birnen schälen, halbieren, entkernen, hinzugeben, aufkochen lassen und 5 Minuten ziehen lassen. Dann die Birnen abtropfen und erkalten lassen.

4 Teig auf der leicht bemehlten Arbeitsfläche ausrollen und 4 Torteletttformen (Ø 10–12 cm, gefettet) damit auslegen. Teig mehrmals mit einer Gabel einstechen, jeweils ein Stück Alufolie auf die Tortelettböden legen und je 50 g Hülsenfrüchte darauf verteilen. Die Förmchen auf dem Rost in den Backofen schieben.

Ober-/Unterhitze: etwa 180 °C (vorgeheizt)
Heißluft: etwa 160 °C (vorgeheizt)
Gas: Stufe 2–3 (vorgeheizt)
Backzeit: etwa 20 Min.

5 Nach dem Backen Hülsenfrüchte und Alufolie entfernen, die Torteletts auf einem mit Backpapier belegten Kuchenrost stürzen und erkalten lassen. Birnenhälften fächerförmig schneiden.

6 Für die Creme Joghurt mit Crème fraîche, Honig und Vanille-Zucker verrühren.Torteletts mit der Creme füllen, mit je einer Birnenhälfte belegen, mit Mandelblättchen bestreuen und sofort servieren.

Tipp:
Sie können auch fertige Torteletts verwenden.
Falls sie die Törtchen vorbereiten möchten, pinseln sie die gebackenen Torteletts mit etwas aufgelöster Schokolade aus, bevor sie sie füllen, so weichen sie nicht auf.

Joghurt-Quark-Ringe

Zubereitungszeit: 30 Min.
Backzeit: etwa 12 Min.,
je Backblech

Insgesamt:
E: 120 g, F: 74 g, Kh: 255 g,
kJ: 9568, kcal: 2285

Für den Brandteig:

- **250 ml (1/4 l) Wasser**
- **50 g Butter oder Margarine**
- **125 g Weizenmehl**
- **25 g Speisestärke**
- **3–4 Eier (Größe M)**

Für die Joghurt-Quark-Creme:

- **300 g Erdbeer- oder Kirschjoghurt**
- **500 g Magerquark**
- **75 g Zucker**

1 Für den Teig Wasser mit Butter oder Margarine am besten in einem Stieltopf zum Kochen bringen.

2 Mehl mit Speisestärke mischen, sieben und auf einmal in die von der Kochstelle genommene Flüssigkeit schütten. Alles zu einem glatten Kloß rühren und unter Rühren etwa 1 Minute erhitzen.

3 Den heißen Kloß sofort in eine Rührschüssel geben und nach und nach Eier mit Handrührgerät mit Knethaken auf höchster Stufe unterarbeiten (die Eiermenge hängt von der Beschaffenheit des Teiges ab, er muss stark glänzen und so von einem Löffel abreißen, dass lange Spitzen hängen bleiben).

4 Teig portionsweise in einen Spritzbeutel mit großer Lochtülle füllen und 10 Ringe (Ø etwa 8 cm) mit viel Platz dazwischen auf 2 Backbleche (gefettet, gemehlt) spritzen. Die Backbleche nacheinander (bei Heißluft zusammen) in den Backofen schieben.

Ober-/Unterhitze:
etwa 220 °C (vorgeheizt)
Heißluft: etwa 200 °C (vorgeheizt)
Gas: Stufe 4–5 (vorgeheizt)
Backzeit: etwa 12 Min. je Backblech

5 Die Ringe sofort nach dem Backen von den Backblechen nehmen, waagerecht durchschneiden und auf Kuchenrosten erkalten lassen.

6 Für die Joghurt-Quark-Creme Joghurt mit Quark und Zucker verrühren. Creme portionsweise in einen Spritzbeutel mit Sterntülle füllen und auf die unteren Ringhälften spritzen. Obere Ringhälften darauflegen und die Joghurtringe sofort servieren.

Tipp:
Die Joghurtringe schmecken auch mit anderen Joghurtsorten.
Zusätzlich können die unteren Gebäckringe mit insgesamt 200 g frischen Früchten belegt werden, bevor die Joghurtcreme aufgespritzt wird.
Die Brandteigringe können bereits am Vortag gebacken werden. Dann das Gebäck vor dem Füllen kurz aufbacken.

Alphabetisches Register

Themenregister

Für Kinder

Blechkuchen und Kleingebäck

Torten mit Alkohol

Schnelle Köstlichkeiten

Kalte Torten

In dieser Reihe sind bisher außerdem erschienen: *Modeschüttelkuchen, Modeplätzchen, Modemuffins und Modeblechkuchen.* Sie erhalten diese Bücher im Buchhandel.

Umwelthinweis Dieses Buch und der Einband wurden auf chlorfrei gebleichtem Papier gedruckt. Die Einschrumpffolie – zum Schutz vor Verschmutzung – ist aus umweltfreundlichem und recyclingfähigem PE-Material.

Wenn Sie Anregungen, Vorschläge oder Fragen zu unseren Büchern haben, rufen Sie uns unter folgender Nummer an (05 21) 1 55 25 80 oder 52 06 51 oder schreiben Sie uns:
Dr. Oetker Verlag KG, Am Bach 11, 33602 Bielefeld.

Bei den in diesem Buch verwendeten Rezeptnamen handelt es sich zum Teil um eingetragene Marken.

Wir danken für die freundliche Unterstützung
Coca-Cola, Essen
Danone, München
Ketchum PR, München
Schwartauer Werke, Bad Schwartau
August Storck KG, Berlin

Redaktion Sabine Puppe

Titelfoto Thomas Diercks, Hamburg

Innenfotos Kramp & Gölling, Hamburg
Brigitte Wegner, Bielefeld
Ketchum PR, München

Rezeptentwicklung und -beratung Sabine Lange, Oetzen
Claudia Glünz-Wunder, Nordhorn
Ulrike Paechnatz, Bielefeld

Grafisches Konzept Björn Carstensen, Hamburg
Gestaltung M·D·H Haselhorst, Bielefeld
Titelgestaltung KonturDesign GmbH, Bielefeld

Reproduktionen Kruse Reproduktionen GmbH, Vreden
Satz JUNFERMANN Druck & Service, Paderborn
Druck und Bindung MOHN Media • Mohndruck GmbH, Gütersloh

ISBN 3–7670–623-5